"*Humano + Máquina* é um guia ricamente detalhado e imprescindível para líderes que precisam capturar as oportunidades da IA e da quarta revolução industrial. Se prestarmos atenção ao chamado de Daugherty e Wilson à reinvenção da maneira como trabalhamos e preparamos as pessoas com habilidades de fusão, podemos garantir um futuro melhor para todos nós."

— **KLAUS SCHWAB**, fundador e presidente executivo do Fórum Econômico Mundial; autor de *A Quarta Revolução Industrial*

"Na era da pós-informação, todos os setores da economia global são movidos pela tecnologia, que é fonte de disrupção e a nova riqueza em todos os lugares. Se você pretende participar, precisará de uma cópia de *Humano + Máquina*."

— **MARK ANDERSON**, fundador e CEO da Strategic News Service

"Em *Humano + Máquina*, Daugherty e Wilson explicam com maestria exemplos do mundo real de como as empresas em todos os setores estão reconceituando seus negócios e organizações para a era da IA. Esse é apenas o começo da maior transformação da história nos negócios, com humanos e máquinas trabalhando juntos de maneiras nunca antes imaginadas. Como os autores apontam, devemos investir no treinamento de milhões de pessoas para os empregos de amanhã e estabelecer salvaguardas para garantir que, à medida que a IA evoluir, os benefícios se estendam para toda a humanidade. *Humano + Máquina* é um roteiro para o futuro — leia-o se você estiver interessado em entender o impacto da IA e como ela está impulsionando o crescimento."

— **MARC BENIOFF**, presidente e CEO da Salesforce

"*Humano + Máquina* é um livro bem escrito e bem pesquisado que aborda o que faltava sobre IA: como os humanos e as máquinas podem colaborar para ampliar — e não substituir — humanas. Do chão de fábrica, ao back office e ao indivíduo, Paul e James oferecem uma visão maravilhosamente acessível e prática sobre a natureza mutável do trabalho."

> — **GRADY BOOCH**, cientista-chefe de engenharia de software da IBM Research; IBM Fellow

"*Humano + Máquina* lança uma nova luz sobre nossa necessidade desmedida de reinventar quase tudo sobre a maneira como trabalhamos. Daugherty e Wilson têm experiência prática em liderar essas mudanças, proporcionando a este livro um nível excepcional de credibilidade e discernimento. Faça com que toda a sua equipe o leia antes que seus concorrentes o façam!"

> — **ERIK BRYNJOLFSSON**, diretor do Initiative on the Digital Economy, do MIT; coautor de *A Segunda Era das Máquinas* e de *Machine, Platform, Crowd*

"Uma leitura obrigatória para os gerentes de empresas que sabem que a inteligência artificial deve ser uma grande parte de seu trabalho, mas acham o tópico intimidante e confuso."

> — **MISSY CUMMINGS**, professora da Pratt School of Engineering; diretora do Humans and Autonomy Laboratory, da Duke University

"Estamos em uma era de darwinismo digital, em que as tecnologias estão evoluindo mais rápido do que a capacidade das empresas de se adaptarem. As abordagens de Daugherty e Wilson, o meio-campo ausente e os princípios MELDH, oferecem a fórmula para ajudá-lo a repensar suas oportunidades, seus processos e seus resultados — com o objetivo de conquistar melhorias exponenciais em tempo recorde."

> — **CHETAN DUBE**, CEO da IPsoft

"Em *Humano + Máquina,* Daugherty e Wilson oferecem um projeto para um futuro no qual a IA amplifica nossa humanidade. Repleto de exemplos, instruções e inspiração, o livro é um guia prático para entender a IA — o que isso significa em nossas vidas e como podemos aproveitá-la ao máximo."

— **ARIANNA HUFFINGTON**, fundadora e CEO da Thrive Global

"Daugherty e Wilson respondem à pergunta fundamental: Como podemos ajudar nossa força de trabalho na transição para a era da IA? Sem dúvida, *Humano + Máquina* é o manual de que você precisa para seguir em frente."

— **HENNING KAGERMANN**, presidente da Acatech (Academia Alemã de Ciências e Engenharia); ex-presidente e CEO da SAP

"A revolução da IA começou, então não fique para trás. Leia *Humano + Máquina* de capa à capa — e adquira a capacidade de usar inteligência e velocidade exponenciais para definir e otimizar seu impacto no mundo ao longo da próxima década."

— **DAVID KENNY**, vice-presidente sênior, IBM Watson e IBM Cloud

"*Humano + Máquina* cria a estrutura para líderes visionários desenvolverem oportunidades em seu sistema operacional que otimizam a inteligência humana e de máquina; uma análise profundamente instigante de como introduzir a IA para melhorar as operações internas e desenvolver uma estratégia de crescimento em longo prazo e com tecnologia."

— **AARON LEVIE**, CEO, Box

"A IA oferece uma grande promessa para beneficiar as pessoas e a sociedade, mas também apresenta novos desafios e riscos. Em *Humano + Máquina,* Daugherty e Wilson descrevem uma perspectiva crucial sobre o futuro do trabalho, ressaltando a relação homem-máquina de uma forma que nos ajudará a entender, discutir e moldar melhor nosso futuro na IA."

— **TERAH LYONS**, diretora-executiva fundadora da Partnership on AI; ex-assessora do Gabinete de Política Científica e Tecnológica da Casa Branca

"Aqueles de nós que não são treinados como tecnólogos devem ser curiosos e aprendizes contínuos — então devemos aplicar nosso aprendizado à criação de empregos em um mundo de IA. *Humano + Máquina* mostra como empregos e atividades podem ser repensados e redesenhados de forma que pessoas e máquinas obtenham resultados mais eficazes e eficientes juntos. Os exemplos práticos e valiosos do livro dão vida ao futuro."

— **DOUG MCMILLON**, presidente e CEO do Walmart

"*Humano + Máquina* deve ser leitura obrigatória para quem está tentando descobrir o que a IA significará para seus negócios. O livro traça um claro caminho de transformação enaltecendo a criatividade humana."

— **VIVIENNE MING**, cofundadora e sócia-gerente da Socos

"Daugherty e Wilson antecipam a conversa que precisamos ter sobre o futuro da colaboração entre computadores e humanos com ferramentas concretas, como a hipótese do 'meio-campo ausente' e os princípios organizacionais baseados em pesquisas. Carregados de habilidade e entusiasmo, os autores oferecem um roteiro que dá boas-vindas a um futuro produtivo."

— **SATYA NADELLA**, CEO da Microsoft

"À medida que nos preparamos para um futuro em que indústrias inteiras serão desestruturadas pelo aprendizado de máquina e pela inteligência artificial, é imperativo entender como essas novas tecnologias funcionam e quais impactos — positivos ou negativos — elas podem ter em nosso mundo. O aprendizado de máquina e a inteligência artificial terão um impacto tão profundo quanto a invenção do computador pessoal, da internet e do smartphone. *Humano + Máquina* oferece uma ótima introdução para se preparar para o futuro. Nenhum empresário pode se dar ao luxo de ignorar essas tendências."

> — **HADI PARTOVI**, fundador e CEO da Code.org

"Daugherty e Wilson oferecem insights e ações que cada organização deve adotar para se transformar em uma empresa digital próspera."

> — **BILL RUH**, vice-presidente sênior e diretor digital da GE; CEO da GE Digital

"Não há dúvida de que a IA está transformando os negócios. Em *Humano + Máquina*, descobrimos como, onde e, o mais importante, o que fazer sobre isso. A amostra de 1.500 praticantes fornece insights que vão muito além das aplicações individuais. Uma leitura obrigatória para o gerente de hoje!"

> — **LEN SCHLESINGER**, professor da Baker Foundation, Harvard Business School; ex-vice-presidente e diretor de operações da Limited Brands (agora L Brands)

"Em seu perspicaz livro *Humano + Máquina*, Daugherty e Wilson pintam uma imagem de humanos e máquinas não como adversários, mas como parceiros. Eles oferecem uma estrutura para pensar sobre as implicações sem precedentes desse florescente relacionamento e um guia prático para prosperar em uma era onde humanos e máquinas trabalham lado a lado a serviço do avanço da humanidade."

> — **DOV SEIDMAN**, fundador e CEO da LRN; autor de *HOW (Como): Por que o COMO fazer algo significa tudo*

"Os avanços na IA representam, simultaneamente, grandes oportunidades e ainda maiores rupturas nos próximos tempos. *Humano + Máquina* é um trabalho muito oportuno e cuidadoso, com exemplos e estratégias para ajudar as empresas a se prepararem para o impacto da IA."

— DR. VISHAL SIKKA

"A IA terá um impacto profundo na sociedade e na economia. Todo líder de negócios deve se familiarizar com a tecnologia e seu impacto em seus mercados, proposições e aspectos-chave da cadeia de valor. Esta é a primeira análise abrangente do papel da IA nos negócios. Considero este livro leitura obrigatória para todos os líderes que consideram a inovação essencial para seus negócios."

— JEROEN TAS, vice-presidente executivo e diretor de inovação e estratégia da Philips

"A transformação digital acelerada de hoje exige uma renovação implacável, uma reeducação contínua e uma releitura constante do que é possível. Seu melhor guia para esse futuro é *Humano + Máquina*, de Daugherty e Wilson.

— ASHOK VASWANI, CEO da Barclays UK

"*Humano + Máquina* destaca-se como o manual que faltava para os líderes que buscam a inovação orientada por IA no mundo de hoje, em que o vencedor leva tudo."

—R "RAY" WANG, analista principal, fundador e presidente da Constellation Research

HUMANO+ MÁQUINA

HUMANO +
Reinventando o Trabalho na Era da IA
MÁQUINA

PAUL R. DAUGHERTY
H. JAMES WILSON

ALTA BOOKS
E D I T O R A
Rio de Janeiro, 2019

Humano + Máquina
Copyright © 2019 da Starlin Alta Editora e Consultoria Eireli. ISBN: 978-85-508-0721-8

Translated from original Human + Machine. Copyright © 2018 by Accenture Global Solutions Limited. ISBN 978-1-63369-386-9. This translation is published and sold by permission of Harvard Business School Publishing the owner of all rights to publish and sell the same. PORTUGUESE language edition published by Starlin Alta Editora e Consultoria Eireli, Copyright © 2019 by Starlin Alta Editora e Consultoria Eireli.

Todos os direitos estão reservados e protegidos por Lei. Nenhuma parte deste livro, sem autorização prévia por escrito da editora, poderá ser reproduzida ou transmitida. A violação dos Direitos Autorais é crime estabelecido na Lei nº 9.610/98 e com punição de acordo com o artigo 184 do Código Penal.

A editora não se responsabiliza pelo conteúdo da obra, formulada exclusivamente pelo(s) autor(es).

Marcas Registradas: Todos os termos mencionados e reconhecidos como Marca Registrada e/ou Comercial são de responsabilidade de seus proprietários. A editora informa não estar associada a nenhum produto e/ou fornecedor apresentado no livro.

Impresso no Brasil — 1ª Edição, 2019 — Edição revisada conforme o Acordo Ortográfico da Língua Portuguesa de 2009.

Publique seu livro com a Alta Books. Para mais informações envie um e-mail para autoria@altabooks.com.br

Obra disponível para venda corporativa e/ou personalizada. Para mais informações, fale com projetos@altabooks.com.br

Produção Editorial Editora Alta Books **Gerência Editorial** Anderson Vieira	**Produtor Editorial** Juliana de Oliveira Thiê Alves **Assistente Editorial** Adriano Barros	**Marketing Editorial** marketing@altabooks.com.br **Editor de Aquisição** José Rugeri j.rugeri@altabooks.com.br	**Vendas Atacado e Varejo** Daniele Fonseca Viviane Paiva comercial@altabooks.com.br	**Ouvidoria** ouvidoria@altabooks.com.br
Equipe Editorial	Bianca Teodoro Ian Verçosa Illysabelle Trajano Kelry Oliveira	Keyciane Botelho Larissa Lima Laryssa Gomes Leandro Lacerda	Livia Carvalho Maria de Lourdes Borges Paulo Gomes	Raquel Porto Thales Silva Thauan Gomes
Tradução Wendy Campos	**Copidesque** Carolina Gaio	**Revisão Gramatical** Flávio Rodrigues Thamiris Leiroza	**Revisão Técnica** Eduardo Camargo Doutor em Tecnologias da Inteligência e Design Digital pela PUC-SP	**Diagramação** Lucia Quaresma

Erratas e arquivos de apoio: No site da editora relatamos, com a devida correção, qualquer erro encontrado em nossos livros, bem como disponibilizamos arquivos de apoio se aplicáveis à obra em questão.
Acesse o site www.altabooks.com.br e procure pelo título do livro desejado para ter acesso às erratas, aos arquivos de apoio e/ou a outros conteúdos aplicáveis à obra.

Suporte Técnico: A obra é comercializada na forma em que está, sem direito a suporte técnico ou orientação pessoal/exclusiva ao leitor.

A editora não se responsabiliza pela manutenção, atualização e idioma dos sites referidos pelos autores nesta obra.

Dados Internacionais de Catalogação na Publicação (CIP) de acordo com ISBD

D238h   Daugherty, Paul R.
             Humano + Máquina: Reinventando o Trabalho na Era da IA / Paul R. Daugherty, H. James Wilson ; tradução de Wendy Campos. - Rio de Janeiro : Alta Books, 2019.
             272 p. : il. ; 17cm x 24cm.

             Tradução de: Human + Machine: Reimagining Work in the Age of AI
             Inclui índice.
             ISBN: 978-85-508-0721-8

             1. Administração de empresas. 2. Inteligência artificial. 3. Inovação. 4. Gestão de processos. I. Wilson, H. James. II. Campos, Wendy. III. Título.

2019-1322
                                                                                          CDD 658.401
                                                                                          CDU 658.011.2

Elaborado por Odilio Hilario Moreira Junior - CRB-8/9949

Rua Viúva Cláudio, 291 — Bairro Industrial do Jacaré
CEP: 20.970-031 — Rio de Janeiro (RJ)
Tels.: (21) 3278-8069 / 3278-8419
www.altabooks.com.br — altabooks@altabooks.com.br
www.facebook.com/altabooks — www.instagram.com/altabooks

SUMÁRIO

Agradecimentos   1

Sobre os autores   5

Prefácio à Edição Brasileira   9

Introdução   13

PARTE 1

IMAGINANDO UM FUTURO DE HUMANOS + MÁQUINAS... HOJE

1. O Chão de Fábrica "Autoconsciente"   31
   A IA na Produção, Cadeia de Suprimentos e Distribuição

2. Contabilidade para Robôs   59
   IA em Funções Corporativas

3. A Máquina de Inovação Definitiva   83
   IA em P&D e Inovação de Negócios

4. Diga Olá para Seus Novos Bots de Front Office   101
   IA em Atendimento ao Cliente, Vendas e Marketing

PARTE 2

O MEIO-CAMPO AUSENTE
Reinventando Processos com IA

5. "Ensinando" Corretamente Seus Algoritmos 129
*Três Papéis que os Humanos Desempenham no
Desenvolvimento e na Implementação de IA Responsável*

6. Super-resultados de Pessoas Comuns 151
Três Maneiras de a IA Desencadear Novos Níveis de Produtividade

7. O Guia do Líder para Reinvenção do Processo 169
Cinco Passos para Começar

8. Estendendo a Colaboração Humano + Máquina 199
*Oito Novas Habilidades de Fusão para um Ambiente de
Trabalho de IA*

Conclusão 225

Epílogo 233

Notas 235

Índice 251

"Aqueles que podem imaginar qualquer coisa, podem criar o impossível."
— Alan Turing

"Veja, o mundo está cheio de coisas mais poderosas do que nós. Mas se você souber surfar na onda, pode ir longe."
— Neal Stephenson, *Snow Crash*

AGRADECIMENTOS

A elaboração de *Humano + Máquina* foi uma jornada fascinante, nascida de uma xícara de café no Copley Plaza de Boston há quase dois anos e influenciada por milhares de experiências ao longo do caminho — conversas com executivos, empresários, trabalhadores, especialistas em IA, tecnólogos, economistas, cientistas sociais, formuladores de políticas, futuristas, capitalistas de risco, educadores, estudantes, entre outros. Somos gratos à multidão de pessoas de todos os cantos do mundo que passou muitas horas conosco discutindo, moldando e, é claro, debatendo os principais tópicos do livro. Gostaríamos de agradecer aos nossos muitos colegas que ajudaram a moldar nossa visão para *Humano + Máquina*, bem como à incrível equipe de pessoas inteligentes (frequentemente usando máquinas inteligentes) que contribuíram para este livro.

Uma pesquisadora e incrível colaboradora, Kate Greene, esteve conosco desde o início nas trincheiras da Pesquisa e Desenvolvimento da IA. Somos incrivelmente gratos pela mente multidisciplinar de Kate e sua dedicação a este projeto. Da mesma forma, David Lavieri e Prashant Shukla trabalharam conosco semana após semana para solidificar as bases de pesquisa das ideias centrais de *Humano + Máquina*, incluindo o "meio-campo ausente".

Francis Hintermann e sua equipe de pesquisa da Accenture forneceram expertise internacional para o projeto. Paul Nunes foi um dos primeiros defensores do livro e um revisor nas principais etapas de seu desenvolvimento, oferecendo comentários incisivos e práticos. Um agradecimento especial a Allan Alter, que desempenhou um papel crucial no início do desenvolvimento do livro, contribuindo para o projeto de nossa pesquisa e estudos de caso sobre IA justa, segura e responsável. Muitos outros pesquisadores forneceram descobertas e percepções relevantes que enriqueceram nosso pensamento, incluindo Mark Purdy, Ladan Davarzani, Athena Peppes, Philippe Roussière, Svenja Falk, Raghav Narsalay, Madhu Vazirani, Sybille Berjoan, Mamta Kapur, Renée Byrnes, Tomas Castagnino, Caroline Liu, Lauren Finkelstein, Andrew Cavanaugh e Nick Yennaco.

Temos uma dívida especial com os muitos visionários e pioneiros que abriram caminho para a IA e cujo trabalho nos inspirou e nos informou, incluindo Herbert Simon, John McCarthy, Marvin Minsky, Arthur Samuel, Edward Feigenbaum, Joseph Weizenbaum, Geoffrey Hinton e Hans Moravec. Peter Norvig, Douglas Hofstadter, Ray Kurzweil, Rodney Brooks, Yann LeCun e Andrew Ng, entre muitos outros. E enorme gratidão aos nossos colegas que forneceram insights e inspiração, incluindo Nicola Morini Bianzino, Mike Sutcliff, Ellyn Shook, Marc Carrel-Bilhar, Narendra Mulani, Dan Elron, Frank Meerkamp, Adam Burden, Mark McDonald, Cyrille Bataller, Sanjeev Vohra, Rumman Chowdhury, Lisa Neuberger-Fernandez, Dadong Wan, Sanjay Podder e Michael Biltz. Eles estão na vanguarda da IA, mapeando o curso e realmente "reinventando" os negócios.

Ao longo desta jornada, fomos aconselhados por um grupo diversificado de profissionais editoriais e de marketing que nos ajudaram a ajustar nossa mensagem. No início, Giles Anderson, da Anderson Literary Agency, ajudou a moldar nossa proposta e encontrar a editora e a plataforma certa para ela. Jeff Kehoe, Kenzie Travers e Dave Lievens, na HBR Press, foram nossos guias literários, fornecendo um sólido apoio desde o início, assim como sabedoria e orientação à medida que navegávamos pelas revisões.

O livro — e nossos leitores — são beneficiários de um fantástico conhecimento editorial e de marketing, começando com Roxanne Taylor, Jeff Francis, Shari Wenker, Elise Cornille, Anuneha Mewawalla, Peter Soh, Ed Maney, Gwen Harrigan, Carolyn Mônaco, Jill Totenberg e Clare Huisamen, que nos ajudaram a pensar cuidadosamente sobre como se comunicar e conectar os temas de *Humano + Máquina* ao nosso público. Dave Light ofereceu orientações úteis sobre estrutura e fluxo de capítulos no início do desenvolvimento do livro e garantiu que os recursos editoriais corretos estivessem em vigor durante todo o período. Nessa nota, gostaríamos de agradecer a Alden Hayashi, uma brilhante mente editorial e uma pessoa maravilhosa de se trabalhar, que desempenhou um papel vital em ajudar a moldar e refinar o manuscrito.

Agradecemos especialmente a Pierre Nanterme, CEO da Accenture, por nos apoiar na elaboração do livro, e, além disso, por sua visão e liderança na direção da Accenture em um curso verdadeiramente de humanos + máquinas. E gostaríamos de agradecer a Omar Abbosh, diretor de estratégia da Accenture e chefe da Accenture Research, que tem estado conosco o tempo todo, fornecendo patrocínio e insights.

A nossa gratidão também se estende aos muitos clientes pioneiros que confiaram na Accenture para ser seu guia, ao aplicarem a IA para "reinventar" seus negócios e abordagem ao trabalho. Tivemos o privilégio exclusivo não apenas de pesquisar as ideias deste livro, mas também de aplicar conceitos e observar os resultados desses verdadeiros pioneiros na era da IA.

E finalmente, em uma nota mais pessoal...

Paul: Um sincero agradecimento a minha esposa, Beth, cujos compromisso e paixão com o potencial humano sempre me inspiraram e levaram à premissa central do livro. Emma, Jesse, Johnny e Lucy forneceram o equilíbrio de que eu precisava — tolerando meu trabalho nas noites, fins de semana e férias, mas também me arrastando para longe quando necessário e sempre me fazendo rir. E devo também agradecer a meu pai, cujo amor pelas pessoas e prazer em lidar com a tecnologia me colocou neste caminho.

Jim: Eu gostaria de agradecer a minha família pelo incrível apoio. À medida que os prazos se aproximavam, Susan e Brooke Wilson sempre conseguiam colocar um sorriso no meu rosto fazendo vozes engraçadas de robôs de ficção científica dos anos 1950. A paixão de Benjamin Wilson pela leitura nas fronteiras da imaginação humana tem sido uma inspiração contínua. Eu também gostaria de agradecer a meus pais, Betsy e Jim, por seu amor e encorajamento.

SOBRE OS AUTORES

PAUL DAUGHERTY e **H. JAMES (JIM) WILSON**, executivos seniores da Accenture, colaboram há muito tempo para pesquisar e documentar o impacto que a tecnologia está tendo nos negócios e na sociedade. Eles estudaram a evolução da inteligência artificial (IA) nas últimas três décadas.

Mais recentemente, quando a IA irrompeu no cenário público, e em manchetes e trends, Daugherty e Wilson perceberam que os debates eram muito subjetivos, frequentemente baseados em opiniões, e que não havia pesquisas ou dados sobre *como* a IA impulsionará a mudança, nem sobre *quais* mudanças são necessárias hoje e no futuro. Mais significativamente, havia pouca orientação objetiva para aqueles que precisam tomar decisões importantes *hoje* sobre como a aplicar em empresas, governo e educação. E com isso nasceu o programa de pesquisa que é a essência de *Humano + Máquina*.

Com a experiência de Daugherty em ajudar as organizações a fazer grandes mudanças impulsionadas pela tecnologia e com a estratégia de tecnologia e a experiência em pesquisas de Wilson, eles decidiram elucidar o que significa "era da IA", e juntos escreveram *Humano + Máquina: Reinventando o Trabalho na Era da AI*.

PAUL DAUGHERTY é diretor de Tecnologia e Inovação da Accenture. Ao longo de sua carreira, trabalhou com milhares de líderes empresariais e governamentais em todo o mundo, ajudando-os a aplicar a tecnologia para transformar suas organizações. Ele também foi fundamental na evolução dos negócios da Accenture para responder às mudanças exponenciais na tecnologia.

Daugherty supervisiona a estratégia de tecnologia e a arquitetura de inovação da Accenture, e lidera os grupos de pesquisa e desenvolvimento, empreendimentos, tecnologia avançada e ecossistema da Accenture. Ele fundou recentemente o negócio de inteligência artificial da Accenture e liderou a pesquisa da empresa na área por muitos anos.

Daugherty estudou engenharia da computação na Universidade de Michigan no início dos anos 1980 e, por um capricho, fez um curso com Douglas Hofstadter sobre ciência cognitiva e psicologia. Ele foi fisgado, e isso o levou a buscar a IA durante toda sua carreira.

Palestrante frequente e escritor sobre questões de indústria e tecnologia, Daugherty tem sido apresentado em uma variedade de meios de comunicação, incluindo as revistas *Financial Times*, *MIT Sloan Management Review*, *Forbes*, *Fast Company*, *USA Today*, *Fortune*, *Harvard Business Review*, a rede de notícias financeiras Cheddar, Bloomberg Television e CNBC. Ele foi recentemente nomeado como um dos 100 Top Líderes de Tecnologia da revista *Computerworld* de 2017 por sua extraordinária liderança tecnológica.

Daugherty é um apaixonado defensor da igualdade de oportunidades e acesso à tecnologia e à ciência da computação. Ele faz parte do conselho de diretores da Girls Who Code, e é um forte defensor e patrocinador da Code.org. Também foi reconhecido com um prêmio do Institute for Women's Leadership, homenageando líderes empresariais que apoiaram a diversidade no local de trabalho e o avanço das mulheres.

Além disso, Daugherty atua como presidente do conselho da Avanade e faz parte do conselho de curadores do Computer History Museum. Ele é membro do Conselho Global do Futuro do Fórum Eco-

Sobre os autores

nômico Mundial sobre o Futuro da Inteligência Artificial e Robótica, e está no conselho consultivo de Ciência da Computação e Engenharia na Universidade de Michigan.

Daugherty mora em Maplewood, Nova Jersey, com sua esposa Beth. Ele tem quatro filhos, Emma, Jesse, Johnny e Lucy, que estão traçando seus próprios caminhos para o futuro de humanos + máquinas.

H. JAMES (JIM) WILSON lidera a área de Tecnologia da Informação e Pesquisa de Negócios da Accenture. Ele dedicou sua carreira à pesquisa e inovação, tendo liderado programas na Babson Executive e Enterprise Education, na Bain & Company e em vários *think tanks* de negócios. Wilson é coautor de *The New Entrepreneurial Leader*, pioneiro em uma nova abordagem — a liderança empreendedora — desenvolvida por ele e por uma equipe de especialistas da Babson College.

Um colaborador de longa data das revistas *Harvard Business Review, MIT Sloan Management Review* e *Wall Street Journal*, Wilson escreveu extensivamente sobre como as máquinas inteligentes podem melhorar o desempenho do trabalhador, incluindo alguns dos primeiros artigos da *HBR* sobre análise pessoal, TI social, wearables e interfaces naturais de usuário.

Wilson trabalhou com governos, formuladores de políticas e líderes empresariais e de universidades na aplicação dessas tecnologias para capacitar e fortalecer pessoas — da NASA à NFL Players Association. Um ávido triatleta, Wilson gosta de ensinar aos amigos e à família suas técnicas nerds para melhorar a saúde e a forma física usando medidores de energia de bicicleta, monitores de frequência cardíaca e rastreadores de distância e ritmo de GPS. Ele mora em São Francisco com sua esposa, Susan, e dois filhos, Ben e Brooke.

PREFÁCIO À EDIÇÃO BRASILEIRA

A posição que o Brasil ocupa no quesito competitividade global ainda não condiz com seu potencial, principalmente, nessa era em que a convergência de tecnologias permite que a inteligência artificial (IA) crie novas fontes de crescimento, rompendo obstáculos físicos do capital e do trabalho. Neste livro, Paul Daugherty e Jim Wilson mostram que há uma oportunidade enorme para formuladores de políticas e líderes empresariais se unirem e saltarem em definitivo para a inovação e o progresso econômico.

Esses líderes podem promover um futuro em que a inteligência artificial não seja vista apenas como um fator de aumento de produtividade, mas como a tecnologia mais transformadora da era da informação. Os autores veem a IA como uma tecnologia capaz de melhorar a economia, de permitir que os profissionais desenvolvam suas competências mais humanas — criatividade, inovação e experimentação — e de estabelecer a inovação que muda o jeito que o mundo vive e trabalha.

Pesquisas locais e globais mostram que, hoje, o trabalhador brasileiro precisa de 60 minutos para fazer um produto ou serviço que, nas mãos de um norte-americano, é feito em 15 minutos; entre alemães e coreanos, o prazo normalmente seria de 20 minutos. A diferença não tem por base inteligência, falta de aptidão ou paixão pelo trabalho. É resultado de anos de crise no Brasil, que desaceleram investimentos na modernização do capital físico das empresas, na educação e formação de talentos para a era digital, na desburocratização e na adequação da infraestrutura do País. Portanto, é urgente que apliquemos responsavelmente a inteligência artificial para ajudar nossos talentos a trabalharem de forma colaborativa com as máquinas, tirando vantagem das forças de cada um para inventar e inovar. Essa relação aumenta a capacidade das pessoas de sentir, compreender, agir e aprender — requisitos para o crescimento delas e das organizações. Mais do que ampliar a capacidade de entrega, a IA aprofunda o conhecimento humano e deixa que as máquinas desenvolvam tarefas repetitivas, analisem dados infinitos e lidem com questões rotineiras.

Os autores mostram que o poder da IA não está apenas na automação, mas também na liberdade dada ao ser humano para criar e recriar serviços em torno dos produtos. Já estamos adiante na adoção de novos serviços que se baseiam nos apelos que a sociedade global faz por agilidade, flexibilidade e personalização. Temos mentes brilhantes e adoção significativa de IA no Brasil — embora ainda que de maneira um tanto quanto desconexa —, que promete mudar modelos de negócios, recriar empresas e transformar local e globalmente segmentos inteiros de atividade. Temos potencial suficiente para a recriação de processos mais dinâmicos e adaptáveis às necessidades das organizações e às requisições da sociedade nesta era.

No Brasil, setores da indústria que inovam contrastam com a indústria tradicional, que não faz isso. A agricultura de precisão integra equipamentos e plataformas digitais, aumentando a competitividade do País, a confiabilidade e a qualidade dos produtos. A cadeia que une as fazendas à mesa, assim como a área de energia renovável e biocombustíveis, está em constante evolução, graças à integração com o ecossistema composto pelos jovens empreendedores, pela academia e centros de pesquisa.

Humano + Maquina mostra que fazendas inteligentes, capazes de produzir mais de 20 safras por ano, graças à inteligência artificial, usam 90% menos água do que culturas convencionais. O Brasil está bem posicionado nesse setor. Podemos até transferir a manufatura de um lugar para outro, mas não se transferem os abundantes recursos naturais que temos aqui.

Prefácio à Edição Brasileira

Hoje, é imensa a distância entre a indústria tradicional e a indústria dos segmentos financeiro (fintechs), saúde, aviação de médio porte e exploração de petróleo e gás em águas profundas. Nestes, há priorização de investimentos em tecnologias, inovação e capitação de uma força de trabalho para usar o melhor das suas habilidades, deixando para as máquinas aquilo que uma máquina é capaz de fazer.

O Brasil clama por líderes que assumam a responsabilidade por fornecer aos seus times o melhor aprendizado para que todos se inspirem e atuem com diferenciação na economia da inteligência artificial. Este livro é um guia de como estimular a imaginação de todos, a fim de que apliquemos a IA de maneira responsável e alcancemos um futuro melhor. Como Alan Turing disse: "Quem é capaz de imaginar alguma coisa pode criar o impossível."

Leonardo Framil

Presidente da Accenture para o Brasil e América Latina

INTRODUÇÃO

Qual É o Nosso Papel na Era da IA?

Em um canto da fábrica de montagem da BMW, em Dingolfing, na Alemanha, um operário e um robô trabalham em conjunto para construir uma transmissão. O operário prepara uma caixa de engrenagens, enquanto um braço robótico leve, sensível e "ciente" de seu entorno, pega uma engrenagem de cerca de 6kg. O operário passa para sua próxima tarefa, enquanto o robô coloca precisamente a engrenagem dentro da caixa e se afasta para pegar outra.

Em outra parte da fábrica, com a música "Lost on You", da LP, ecoando pelo ar, um outro braço robótico leve aplica, uniformemente, um adesivo espesso e preto na borda das janelas do pequeno carro. Entre as aplicações, um operário se aproxima para limpar o bico de cola, colocar um novo vidro e carregar as janelas acabadas, como se robô e humano fizessem parte de uma dança bem coreografada.[1]

Graças aos recentes avanços na inteligência artificial (IA), estamos agora na iminência de uma grande transformação nos negócios. É uma nova era na qual as regras fundamentais segundo as quais administramos nossas organizações estão sendo reescritas diariamente. Os sistemas de IA não estão apenas automatizando muitos processos, tornando-os mais eficientes, eles agora estão permitindo que pessoas e máquinas trabalhem de forma colaborativa de maneiras inovadoras. Ao fazê-lo, eles estão mudando a própria natureza do trabalho, exigindo que administremos nossas operações e funcionários de maneiras drasticamente diferentes.

Por décadas, os robôs foram tipicamente considerados grandes peças de maquinaria, usualmente separados dos trabalhadores humanos, que realizavam uma tarefa específica — descarregar uma prensa de estamparia, por exemplo. Essa tarefa específica fazia parte de uma cadeia de trabalho rígida e fixa que geralmente incluía pessoas realizando outras tarefas predefinidas — por exemplo, inspecionar as peças metálicas estampadas para descartar defeitos.

Compare essa tradicional linha de montagem com uma fábrica em que os robôs são muito menores e mais flexíveis, capazes de trabalhar ao lado dos humanos. Uma fábrica em que esses robôs e outros tipos de máquinas usam sensores incorporados e sofisticados algoritmos de IA. Ao contrário das gerações anteriores de robótica industrial — que normalmente eram peças de maquinaria volumosas, pouco inteligentes e um tanto perigosas —, esses novos tipos de robôs colaborativos são equipados com a capacidade de sentir seu ambiente, compreender, agir e aprender graças ao software de aprendizado de máquina e outras tecnologias de IA relacionadas. Tudo isso, então, permite que os processos de trabalho sejam autoadaptáveis, com linhas de montagem fixas dando lugar a equipes flexíveis de máquinas e humanos que podem ser rearranjadas conforme a necessidade. Agora, a fim de atender a pedidos personalizados e lidar com flutuações na demanda, operários e robôs podem se associar para realizar novas tarefas sem ter que revisar manualmente quaisquer processos ou etapas de fabricação. Essas alterações são incorporadas ao sistema e executadas automaticamente.

Os avanços não estão apenas na fabricação. Os sistemas de IA estão sendo integrados em todos os departamentos, desde vendas e marketing até o atendimento ao cliente e a pesquisa e desenvolvimento (P&D) de produtos.

Tomemos como exemplo um designer da Autodesk que decide construir um drone. Em vez de modificar conceitos preexistentes e se adaptar a várias restrições, como peso e propulsão, ele insere esses parâmetros no software da empresa habilitado para IA. O algoritmo genético do software produz uma vasta e impressionante variedade de novos designs jamais vistos. Alguns são mais bizarros que outros, mas todos se encaixam nos parâmetros iniciais. O designer escolhe um que distinguirá seu drone dos demais e ainda ajusta o design para atender a seus objetivos estéticos e de engenharia.

Do Mecânico ao Orgânico

O potencial poder da IA de transformar as empresas é sem precedentes e, no entanto, apresenta um desafio urgente e crescente. As empresas estão agora chegando a uma encruzilhada no uso da IA, que definimos como *sistemas que estendem a capacidade humana, detectando, compreendendo, agindo e aprendendo*. À medida que as empresas implementam esses sistemas — abrangendo desde o aprendizado de máquina [machine learning] até a visão computacional [computer vision] e o aprendizado profundo [deep learning] —, algumas empresas continuam a ver ganhos modestos de produtividade em curto prazo, mas esses resultados acabarão por se estagnar. Outras empresas serão capazes de alcançar melhorias inovadoras no desempenho, muitas vezes desenvolvendo inovações revolucionárias. O que explica a diferença?

Ela tem a ver com a compreensão da verdadeira natureza do impacto da IA. No passado, os executivos se concentravam em usar máquinas para automatizar processos específicos de fluxo de trabalho. Tradicionalmente, esses processos eram lineares, graduais, sequenciais, padronizados, repetíveis e mensuráveis, e, ao longo dos anos, foram otimizados por meio de várias análises de tempo e movimento (pense nas linhas de montagem de fabricação). Mas os ganhos de desempenho dessa abordagem estão se nivelando, à medida que as empresas aproveitam as últimas vantagens da automação mecânica.

Agora, para continuar explorando todo o potencial das tecnologias de IA, muitas empresas líderes começaram a adotar uma nova visão dos processos de negócio, como algo mais fluído e adaptável. Em essência, eles estão indo além das linhas de montagem rígidas e incorporando a ideia de equipes orgânicas compostas de parcerias entre humanos e sistemas avançados de IA. Essa colaboração, entre trabalhadores e máquinas inteligentes, está levando à reinvenção de muitos processos tradicionais. Como a BMW e a Mercedes-Benz vivenciaram, as linhas de montagem rígidas estão dando lugar a equipes flexíveis de operários que trabalham em conjunto com robôs. Além disso, esses novos tipos de equipes podem se adaptar continuamente a novos dados e condições de mercado. Elas estão permitindo que as empresas realmente *reinventem* vários processos de trabalho.

A Terceira Onda

A chave para entender o impacto atual e futuro da IA é a transformação dos *processos de negócio*.

Um equívoco generalizado é que os sistemas de IA, incluindo a robótica avançada e os bots digitais, gradualmente substituirão os seres humanos, um setor após o outro. Veículos autônomos, por exemplo, substituirão um dia os motoristas de táxi, de carros de entregas e de caminhão. Isso pode ser verdade para certos trabalhos, mas o que descobrimos em nossa pesquisa é que, embora a IA possa ser implementada para automatizar certas funções, o maior poder dessa tecnologia é complementar e *aumentar* as capacidades humanas. No processamento de solicitações, por exemplo, a IA não está substituindo a necessidade de humanos; em vez disso, faz o tedioso trabalho pesado, coletando dados e fazendo uma análise preliminar, liberando os humanos que processam solicitações para se concentrarem na resolução de casos complexos. Em essência, as máquinas estão fazendo o que fazem melhor: executar tarefas repetitivas, analisar grandes conjuntos de dados e lidar com casos de rotina. E os humanos estão fazendo o que fazem melhor: resolver informações ambíguas, exercer o julgamento em casos difíceis e lidar com clientes insatisfeitos. Esse tipo de simbiose emergente entre humanos e máquinas está desencadeando o que chamamos de *a terceira onda de transformação de negócios.*

Para analisarmos como chegamos aqui, é de grande ajuda entender um pouco do contexto histórico. A primeira onda de transformação de negócios envolveu processos *padronizados.* Essa era foi introduzida por Henry Ford, que reinventou a fabricação de automóveis para que eles pudessem ser feitos em uma linha de montagem. Cada uma das etapas desse processo geral poderia ser medida, otimizada e padronizada para obter ganhos consideráveis de eficiência.

A segunda onda consistia de processos *automatizados.* Essa era surgiu nos anos 1970 e atingiu o auge nos anos 1990 com o movimento de reengenharia do processo de negócio [BPR — business process reengineering], graças aos avanços da tecnologia da informação: computadores de mesa, grandes bancos de dados e softwares que automatizavam várias tarefas de back office. Entre outras empresas, os varejistas, como o Walmart, aproveitaram essa onda para se tornar uma potência mundial. Outras empresas conseguiram se reinventar. A UPS, por exemplo, transformou-se de um serviço de entrega de pacotes para uma empresa de logística global.

Agora, a terceira onda envolve processos *adaptativos*. Essa terceira era, que se desenvolve a partir das duas anteriores, será mais drástica do que as revoluções anteriores possibilitadas pela linha de montagem e pelos computadores digitais, e dará início a formas inteiramente novas e revolucionárias de fazer negócios. Como veremos ao longo deste livro, as empresas líderes em muitos setores estão reinventando seus processos para serem mais flexíveis, rápidos e adaptáveis aos comportamentos, preferências e necessidades de seus funcionários em um determinado momento. Essa capacidade adaptativa está sendo conduzida por dados em tempo real, e não por uma sequência predeterminada de etapas. O paradoxo é que, embora esses processos não sejam padronizados nem rotineiros, oferecem melhores resultados de forma reiterada. Na verdade, as organizações líderes conseguiram trazer para o mercado produtos e serviços individualizados (em oposição aos bens produzidos em massa do passado), e ainda assim gerar resultados lucrativos.

Pense como o Waze

Para ajudar a ilustrar a profunda diferença entre o antigo e o novo processo racional, pense na história da orientação espacial por GPS. Os primeiros mapas online eram, em grande parte, apenas uma versão digital de seus equivalentes em papel. Mas logo os dispositivos de navegação por GPS mudaram a forma como usamos os mapas, e eles passaram a nos oferecer as direções depois que inseríamos um destino. Mesmo assim, porém, ainda era um processo bastante estático. Agora, os aplicativos de mapas móveis, como o Waze, estão aproveitando os dados do usuário em tempo real — sobre a localização e a velocidade dos motoristas, além de informações coletivas sobre engarrafamentos, acidentes e outras obstruções para criar o mapa perfeito em tempo real.

Todos esses dados permitem que o sistema atualize as informações para que, se necessário, ele redirecione os motoristas no meio do percurso para minimizar quaisquer possíveis atrasos. Enquanto a antiga abordagem com GPS simplesmente digitalizava uma rota estática de mapa de papel, o Waze combina algoritmos de IA e dados em tempo real para criar mapas reais, dinâmicos e otimizados que podem levar as pessoas a seus destinos o mais rápido possível. Abordagens de negócios que usam IA somente para automatizar processos estáticos existentes são como os primeiros dispositivos de navegação GPS, enquanto a era atual de colaborações simbióticas entre humanos e máquinas é como o Waze, pois esses processos tradicionais estão sendo completamente reinventados.

Ocupando o "Meio-campo Ausente"

Infelizmente, a cultura popular há muito promove uma visão de humanos versus máquinas — pense em filmes como *2001: Uma Odisseia no Espaço* e a série de filmes *Exterminador do Futuro*. A ideia de máquinas inteligentes como uma potencial ameaça à humanidade é antiga e resultou em muitos executivos adotando uma perspectiva um pouco semelhante, pensando exclusivamente em máquinas que ameaçam substituir humanos. Mas essa visão não é apenas lamentavelmente equivocada, como também tragicamente míope.

A verdade simples é que as máquinas não estão dominando o mundo, nem estão eliminando a necessidade de seres humanos no local de trabalho. Nesta era atual de transformação de processos de negócio, os sistemas de inteligência artificial não estão nos substituindo por atacado, em vez disso, estão amplificando nossas habilidades e colaborando conosco para alcançar ganhos de produtividade que antes eram impossíveis.

Como você verá neste livro, a terceira onda criou um enorme espaço dinâmico e diversificado, em que humanos e máquinas colaboram para obter melhorias de vastas proporções no desempenho dos negócios. Chamamos a isso de "meio-campo ausente" — "ausente" porque quase ninguém fala sobre isso e apenas uma pequena fração das empresas está trabalhando para preencher essa lacuna crucial (veja a Figura I-1).

FIGURA I-1

O meio-campo ausente

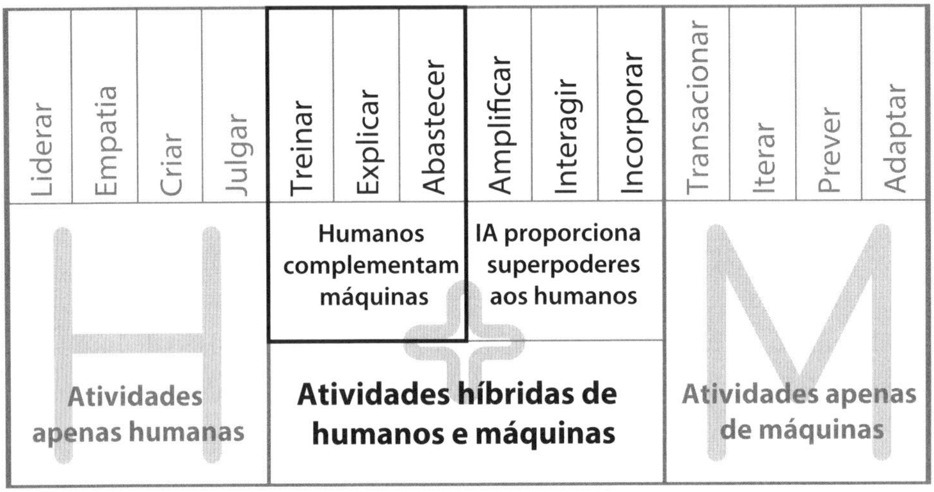

Liderar	Empatia	Criar	Julgar	Treinar	Explicar	Abastecer	Amplificar	Interagir	Incorporar	Transacionar	Iterar	Prever	Adaptar
				Humanos complementam máquinas			IA proporciona superpoderes aos humanos						
Atividades apenas humanas				**Atividades híbridas de humanos e máquinas**						Atividades apenas de máquinas			

No meio-campo ausente, os humanos trabalham com máquinas inteligentes para explorar o que cada parte faz melhor. Humanos, por exemplo, são necessários para desenvolver, treinar e gerenciar várias aplicações de IA. Assim, eles *possibilitam* que esses sistemas atuem como verdadeiros parceiros de colaboração. De sua parte, as máquinas no meio-campo ausente estão ajudando as pessoas a irem além de sua capacidade, fornecendo-lhes habilidades sobre-humanas, como a capacidade de processar e analisar grandes quantidades de dados de inúmeras fontes em tempo real. As máquinas estão *amplificando as* capacidades humanas.

No meio-campo ausente, humanos e máquinas não são adversários, disputando os mesmos trabalhos. São parceiros simbióticos, cada um empurrando o outro para níveis mais altos de desempenho. Além disso, no meio-campo ausente, as empresas podem reinventar seus processos de negócio para tirar proveito de equipes colaborativas de humanos que trabalham lado a lado com as máquinas. Não são apenas as empresas digitais que estão explorando o meio-campo ausente. A Rio Tinto, o conglomerado global de mineração, é um exemplo disso. A empresa está usando a inteligência artificial para gerenciar sua vasta frota de máquinas — brocas autônomas, escavadeiras, retroescavadeiras etc. — em uma instalação de controle central. Isso libertou operadores humanos do trabalho de mineração em condições perigosas e também permitiu que sua equipe de analistas de dados analisasse informações de sensores no equipamento remoto para descobrir informações valiosas para ajudar a empresa a gerenciar sua frota com mais eficiência e segurança.[2]

Separando Vencedores de Perdedores e o que Há Neste Livro

Como mencionamos, na atual era dos processos adaptativos, as regras fundamentais, segundo as quais as organizações são administradas, estão sendo reescritas diariamente. À medida que os líderes e gerentes de todos os tipos de empresas começam a reinventar seus processos de negócio e a repensar o relacionamento básico entre funcionários e máquinas, precisam entender essas regras e aplicá-las. Por isso escrevemos este livro: para oferecer às pessoas que estão pensando em sua organização, equipe ou carreira, o conhecimento de que precisam para separar os vencedores dos perdedores na nova era da IA.

Na Parte 1, mostramos e explicamos o estado atual da IA nas empresas. Começamos no chão de fábrica e, nos capítulos subsequentes, ilustramos como as organizações estão atualmente implementando a IA em diferentes funções — back office, pesquisa e desenvolvimento, marketing e vendas. Uma lição fundamental aqui é que as empresas não podem esperar se beneficiar das colaborações entre humanos e máquinas sem antes estabelecerem as bases adequadas. Mais uma vez, aquelas empresas que estão usando máquinas simplesmente para substituir os seres humanos acabarão por se estagnar, enquanto aquelas que pensam em formas inovadoras de empregar as máquinas para aumentar a capacidade dos seres humanos se tornarão líderes de seus setores.

O Capítulo 1 descreve como as equipes de humanos e máquinas estão transformando o chão de fábrica, não apenas na BMW e na Mercedes-Benz, mas também em muitos outros grandes fabricantes. A General Electric, por exemplo, vem construindo "gêmeos digitais" de seus produtos implementados, como as pás da turbina em um motor a jato. A empresa baseia esses modelos virtuais nas condições atuais do maquinário real, permitindo melhorar as operações, bem como prever quebras antes que elas ocorram, alterando, assim, fundamentalmente, os processos de manutenção dos equipamentos comerciais.

No Capítulo 2, o foco são as operações de back office. Aqui, a tecnologia de IA pode ajudar a filtrar e analisar fluxos de informações de uma variedade de fontes, e possibilitar a automação de tarefas tediosas e repetitivas, bem como aumentar as habilidades e o conhecimento dos humanos. Em uma seguradora e prestadora de serviços financeiros canadense, por exemplo, um sistema de IA processa dados financeiros não estruturados de artigos de notícias, relatórios e e-mails para fazer recomendações específicas, e o sistema pode ser treinado para extrair insights adaptados às preferências de um determinado analista.

O Capítulo 3 descreve como as empresas estão usando a inteligência artificial em pesquisa e desenvolvimento. Em cada etapa principal do processo de P&D — observação, geração de hipóteses, desenho de experimentos e análise de resultados — as tecnologias de IA podem levar a um aumento de eficiência e a melhores resultados. Na GNS Healthcare, softwares sofisticados de aprendizado de máquina encontram padrões nos registros de saúde do paciente e, automaticamente, extraem hipóteses diretamente desses dados. O sistema levou apenas três meses para recriar os resultados de um estudo de dois anos investigando reações adversas entre combinações de medicamentos em idosos no Medicare.

No Capítulo 4, analisamos a função de marketing e vendas, e descrevemos como o impacto da IA também tem sido grande — se não maior — em outras funções. As tecnologias de aprendizado de máquina, como a Alexa, da Amazon; a Siri, da Apple; e a Cortana, da Microsoft, estão se tornando cada vez mais a personificação digital das marcas mais conhecidas dessas empresas. Em outras palavras, a IA se tornou a marca.

Na Parte 2, exploramos o "meio-campo ausente" e fornecemos um guia prático para revisar e "reinventar" as noções tradicionais de trabalho. Para explorar todo o poder da IA, as empresas devem preencher essa lacuna considerando os novos papéis dos funcionários, estabelecendo novos tipos de relações de trabalho entre humanos e máquinas, mudando os conceitos tradicionais de administração e revisando o próprio conceito de trabalho.

O Capítulo 5 descreve como o aprendizado de máquina, quando integrado aos processos, levará a uma variedade de novos empregos. Especificamente, os humanos serão necessários para projetar e treinar algoritmos e para explicar os algoritmos usados, sendo que essa explicação deve justificar o uso dos algoritmos dentro de um processo. Um desses novos papéis é o de *gerente de relações de máquina*, que será semelhante aos gerentes de recursos humanos, só que sua função será supervisionar os sistemas de IA em vez de trabalhadores humanos. Eles serão responsáveis pela realização regular de avaliações de desempenho dos sistemas de IA da empresa. Eles promoverão os sistemas que funcionam bem, replicando variantes e implementando-os em outras partes da organização. Os sistemas com desempenho ruim serão rebaixados e possivelmente desativados.

No Capítulo 6, descrevemos como as pessoas estão obtendo enormes ganhos de desempenho trabalhando com tecnologias de inteligência artificial que melhoram drasticamente as capacidades humanas; eles amplificam, interagem e incorporam novo potencial humano. (Em certo sentido, este capítulo é o outro lado do Capítulo 5, no qual discutimos como os humanos estão ajudando as máquinas a estenderem e ampliarem suas capacidades.) Esses novos tipos de relações entre humanos e máquinas estão ajudando as pessoas a "se superarem", desonerando-as de tarefas tediosas e permitindo que realizem seu trabalho de maneira mais rápida e eficaz por meio de orientação especializada, aconselhamento e suporte de sistemas de inteligência artificial.

O Capítulo 7 analisa com dificuldade os desafios gerenciais introduzidos pela IA, que exigem respostas diferentes e novas da administração e da liderança. Uma grande questão aqui é: quais etapas o gerenciamento deve adotar para facilitar os processos de reinvenção? Especificamente, o gerenciamento deve apoiar cinco atividades cruciais, incluindo uma ênfase em *experimentação* do método tentativa e erro, construindo uma *cadeia de suprimento de dados* para IA e outros.

Finalmente, exploramos o futuro do trabalho em si no Capítulo 8. Especificamente, à medida que as colaborações entre humanos e máquinas se tornam cada vez mais predominantes, as empresas precisarão contratar e desenvolver oito novas "habilidades de fusão": *questionamento inteligente* (saber a melhor maneira de fazer perguntas a um agente de IA, em vários níveis de abstração, para obter os insights de que você precisa), *empoderamento baseado em bot* (colaborar com agentes inteligentes para ir além de sua capacidade), *aprendizado recíproco* (ensinar aos agentes de IA novas habilidades enquanto também estão em treinamento para trabalhar bem em processos aprimorados por IA), *fusão holística* (desenvolver modelos mentais de agentes de IA que melhoram os resultados colaborativos), *tempo de reumanização* (reinventar os processos de negócio para ampliar o tempo disponível para tarefas especificamente humanas e aprendizado), *normalização responsável* (moldar o propósito e a percepção das colaborações entre humanos e máquinas no que se referem a indivíduos, negócios e sociedade), *integração de julgamento* (escolher um curso de ação em meio à incerteza da máquina) e *reinvenção contínua* (pensar em novas maneiras de rever o trabalho, os processos e os modelos de negócios para obter incrementos exponenciais).

Cinco Princípios Essenciais

Em nossa pesquisa, descobrimos que as empresas líderes em diversos setores — 9% da amostra de mais de 1.500 profissionais pesquisados — já estão na terceira onda. Elas maximizaram a automação e agora estão desenvolvendo a próxima geração de processos e habilidades para capitalizar as colaborações entre humanos e máquinas. Estão pensando como o Waze, reinventando os processos como vivos e adaptáveis, usando informações humanas e da multidão e dados em tempo real. Elas estão indo além do pensamento tradicional de simplesmente digitalizar os antigos mapas estáticos.

Como essas empresas líderes estão realizando isso? Em nosso trabalho, descobrimos que elas conseguiram adotar cinco princípios essenciais relacionados à mentalidade, experimentação, liderança, dados e habilidades (MELDH)[*] organizacionais.

---

[*] Em inglês, MELDS: Mindset, Experimentation, Leadership, Data and Skills.

- Mentalidade: Adotar uma abordagem radicalmente diferente em relação aos *negócios, reinvenção do trabalho em busca do meio-campo ausente, em que as pessoas aprimoram a inteligência artificial, e, por sua vez, as máquinas inteligentes oferecem aos humanos superpoderes.* Anteriormente, o foco estava no uso de máquinas para automatizar etapas específicas em um determinado fluxo de trabalho. Agora, o potencial de colaboração entre humanos e máquinas está levando à reinvenção de muitos processos tradicionais. Linhas de montagem rígidas estão dando lugar a equipes flexíveis compostas de humanos aprimorados e máquinas inteligentes. Além disso, essas equipes estão sempre se adaptando rapidamente a novos dados e a diferentes contribuições humanas. Eles são verdadeiramente orgânicos, com os processos de trabalho associados como organismos vivos. Prevemos que as tecnologias de inteligência artificial serão fundamentais para ajudar as empresas a aproximar o trabalho dos mercados a que atendem, melhorando a capacidade de resposta à demanda do consumidor. Para conseguir isso, no entanto, os executivos devem adotar uma mentalidade distinta e voltada à ação para reinventar suas operações, como discutimos ao longo do livro. Dito isto, os executivos também devem entender que precisam estabelecer, antes de tudo, um alicerce, em vez de correr para dominar o meio-campo ausente. Em especial, eles devem primeiro se concentrar no desenvolvimento de todo o potencial de seus funcionários, aplicando automação ao trabalho de rotina; então eles podem se concentrar nas colaborações entre humanos e máquinas.

- Experimentação: Observar ativamente os pontos nos processos para testar a IA e aprender a dimensionar um processo reinventado da *perspectiva do meio-campo ausente.* A era dos processos de negócio padrão está chegando ao fim, e as empresas não poderão mais contar com uma estratégia de replicar as melhores práticas da categoria das empresas líderes. E é por isso que a experimentação é crucial. Os executivos devem continuamente realizar testes para derivar processos de negócio que funcionem melhor para seu conjunto exclusivo de condições. Uma grande parte desse esforço exigirá o uso do método tentativa e erro para determinar que trabalho deve ser feito por seres humanos e que trabalho seria mais bem-feito por uma colaboração entre humanos e máquinas (o meio-campo ausente).

- Liderança: *Comprometer-se com o uso responsável da IA desde o início.* Os executivos devem sempre considerar as implicações éticas, morais e legais das tecnologias de IA que implementam, e os sistemas devem gerar resultados explicáveis, justificar o uso do algoritmo e eliminar vieses. As empresas também precisam prestar muita atenção para garantir que os funcionários que trabalham com sistemas de inteligência artificial não percam o senso de controle e que esses indivíduos desenvolvam um maior senso de empoderamento na tomada de decisões. Além disso, as empresas devem fornecer treinamentos e retreinamentos necessários para os funcionários para que as pessoas estejam preparadas e prontas para assumir quaisquer novas funções no meio-campo ausente. Na verdade, investir em pessoas deve ser uma parte essencial da estratégia de inteligência artificial de qualquer empresa.

- Dados: *Construir uma "cadeia de suprimentos" de dados para abastecer sistemas inteligentes.* A IA exige grandes quantidades de dados, tanto em volume quanto em variedade. Isso inclui "dados de exaustão" — criados como um subproduto de outro processo (por exemplo, cookies de navegação na web do cliente). Acumular e preparar essas informações para uso é um dos maiores desafios para as organizações que implementam sistemas de inteligência artificial. Além disso, os dados de uma organização devem poder fluir livremente, independentes das divisões departamentais. Uma empresa pode então aproveitar ao máximo essa informação, aplicando-a a outros dados para apoiar, embasar e melhorar a IA e o desempenho humano no meio-campo ausente.

- Habilidades: *Desenvolver ativamente as oito "habilidades de fusão" necessárias para reinventar processos no meio-campo ausente*. O crescente poder da IA está fundamentalmente transformando o relacionamento entre humanos e máquinas. Na segunda onda, as máquinas geralmente estavam sendo usadas para substituir os humanos — pense em como a automação dizimou as fileiras de operários, assistentes administrativos, contadores, caixas de banco, agentes de viagens e assim por diante. Mas os seres humanos são necessários agora mais do que nunca na terceira onda. Os seres humanos estão tomando o centro do palco nesta era atual de melhoria de processos de negócio. Em especial a era dos processos adaptativos requer que os seres humanos estejam envolvidos não apenas para projetar, desenvolver e treinar sistemas de inteligência artificial, mas também para colaborar com eles para dominar o meio-campo ausente e alcançar grandes aperfeiçoamentos de desempenho.

Como você verá, a estrutura dos princípios MELDH guia quase todos os aspectos práticos do livro, e retornaremos a eles muitas vezes ao longo do texto. Em particular, o Capítulo 7 trata dos princípios "MELD" de modo mais específico, enquanto o Capítulo 8 mergulhará profundamente no "H".

A revolução da IA não está chegando, já está aqui e requer reinventar seus processos, em todas as funções da empresa, para obter o máximo benefício do poder dessa tecnologia de amplificar a capacidade humana. Este livro é o seu roteiro para entender e navegar pelos novos horizontes. Vamos começar.

PARTE 1

Imaginando um Futuro de Humanos + Máquinas... Hoje

1

O Chão de Fábrica "Autoconsciente"

A IA na Produção, Cadeia de Suprimentos e Distribuição

Durante séculos, as fábricas foram o paradigma da automação. E as pessoas que trabalhavam em fábricas, como resultado, frequentemente eram medidas pelos padrões das máquinas. Portanto, não é surpresa que a relação entre pessoas e máquinas na indústria tenha sido tensa, com trabalhadores humanos se sentindo sempre em desvantagem. Há muitas razões para esse sentimento. Desde 2000, os Estados Unidos perderam cinco milhões de empregos na indústria, aproximadamente metade disso por meio de ganhos de eficiência e automação.[1]

Mas as coisas não são tão claras quanto parecem. Como discutimos anteriormente, a segunda onda de transformação de negócios se concentrou toda na *automação dos processos existentes*. Foi nessa época que muitos humanos foram substituídos por máquinas. Em contrapartida, a terceira onda conta com processos *adaptativos* que são reinventados a partir do zero, e o objetivo aqui é unir humanos + máquinas. Nesta era atual, graças à IA, as fábricas estão adquirindo um pouco mais de humanidade: os empregos nas linhas de produção, por exemplo, mudaram de natureza e estão aumentando em número. E não é apenas na manufatura. A IA está aumentando o valor de engenheiros e gerentes. O surgimento da IA também está criando novos papéis e novas oportunidades para as pessoas ao longo de toda a cadeia de valor industrial.

Nesta era de reinvenção do processo usando a IA, a grande ironia é que alguns dos ambientes mais automatizados — fábricas e outros ambientes industriais — estão experimentando um renascimento do trabalho humano. Do operário de linha de montagem e especialista em manutenção ao engenheiro de robôs e gerente de operações, a AI está recriando o conceito de trabalho em um ambiente industrial. Em muitos casos, a IA está liberando tempo, criatividade e capital humano, essencialmente permitindo que as pessoas trabalhem mais como humanos e menos como robôs. Uma implicação da possibilidade de se trabalhar de forma diferente e melhor com a ajuda da IA é o ganho de eficiência e a economia de dinheiro das empresas. Mas, talvez o mais importante, em longo prazo, seja que as empresas também estão começando a repensar seus processos de negócio. E, à medida que o fazem, descobrem a necessidade de novos tipos de empregos e de novas maneiras de fazer negócios, que é nosso foco na segunda parte deste livro.

Mas não vamos nos precipitar, essa é uma jornada complexa. (Para um pouco de perspectiva histórica, veja o box "Uma Breve História da IA", no final deste capítulo.) Antes de reescrever processos de negócio, descrições de cargos e modelos de negócios, precisamos responder a essas perguntas: quais tarefas os humanos fazem melhor e o que as máquinas fazem melhor? Há tarefas e trabalhos que continuarão a ser transferidos para os robôs com base em suas vantagens comparativas em lidar com repetição e sua potência de processamento de dados. Mas, como veremos, a transferência de empregos não é apenas um caminho. Neste capítulo, pesquisamos várias empresas que abordaram a problemática homem-máquina para manufatura, manutenção, armazéns e agricultura. Essas pioneiras colocaram as pessoas e as máquinas aprimoradas por IA em ação nos papéis para os quais elas são mais adequadas e estão colhendo os benefícios.

O Braço que Aprende

O terceiro turno, em uma fábrica de Tóquio, é a hora do show para uma classe emergente de braços robóticos que podem aprender novos truques durante a noite. Junto a uma câmera e um software de aprendizado de máquina, esses apêndices articulados e giratórios podem, por conta própria, descobrir as maneiras mais eficientes de pegar peças e colocá-las em outro lugar. Nenhuma programação explícita adicional é necessária.[2]

Braços robóticos são usados em fábricas para aplicar cola quente em widgets, para instalar para-brisas e para suavizar bordas de metal irregulares, entre outras tarefas. Mas, tradicionalmente, os engenheiros os pré-programavam. Então, quando a função dos robôs muda, os engenheiros precisam reprogramá-los. Em contraste, os novos braços robóticos, desenvolvidos pela FANUC em parceria com a fabricante de software Preferred Networks (ambas sediadas no Japão), adaptam-se por conta própria. Eles fazem isso com uma técnica de IA chamada de aprendizado profundo por reforço, em que o robô recebe uma imagem do resultado bem-sucedido e, em seguida, usa o método de tentativa e erro para descobrir sua própria solução.

De acordo com Shohei Hido, diretor de pesquisa da Preferred Networks, os braços levam oito horas para se tornar pelo menos 90% precisos para esse tipo de tarefa. Isso é praticamente o mesmo tempo e precisão que a programação de um especialista; mas, como o braço agora é autodidata, o especialista humano está livre para realizar outras tarefas mais complexas, especialmente aquelas que exigem julgamento humano.

Imaginando um Futuro de Humanos + Máquinas... Hoje

Além disso, quando um robô aprende uma tarefa, ele pode compartilhar seu conhecimento com outros robôs da rede. Isso significa que oito braços trabalhando juntos por uma hora podem aprender tanto quanto um trabalhando em um problema por oito horas. Hido, que chama a esse processo de "aprendizagem distribuída", diz: "Você pode imaginar centenas de robôs de fábrica compartilhando informações."[3]

Agora, imagine pessoas trabalhando ao lado desses robôs. Os braços mecânicos são ótimos para tarefas altamente repetitivas e trabalhos pesados, mas em qualquer fábrica sempre haverá um subconjunto de tarefas que são complexas demais para serem entregues a um robô — tarefas como posicionar vários pequenos fios ou manusear objetos desajeitados ou dinâmicos. Um humano ainda é necessário no ciclo.

Então, como braços robóticos e humanos trabalham juntos? Historicamente, não tão bem. Os robôs, com seus movimentos rápidos e decisivos, têm sido úteis e eficientes, mas também perigosos para as pessoas. Eles costumam ser isolados atrás de barreiras de proteção. Mas essa segregação padrão está começando a mudar. Robôs colaborativos de empresas como a Rethink Robotics, fundada pelo pioneiro da robótica e de IA, Rodney Brooks, vêm equipados com sensores que lhes permitem reconhecer uma variedade de objetos e evitar bater nas pessoas. Quando os robôs não são tão desajeitados, podem funcionar bem com as pessoas. As fábricas que usam os produtos da Rethink Robotics geralmente dividem o trabalho entre o robô e o humano, trabalhando lado a lado, executando tarefas que melhor se adaptam às suas habilidades. (Para mais exemplos de IA incorporada, veja o box "IA na Fábrica").

IA na Fábrica

Por um século, o "chão de fábrica" está na vanguarda da automação robótica. De esteiras de transporte a braços robóticos e sistemas de operações gerenciados por IA, a fábrica está ficando cada vez mais inteligente.

- A Hitachi está usando a inteligência artificial para analisar big data e rotinas de trabalho para informar seus robôs, os quais fornecem instruções aos funcionários para atender à demanda flutuante em tempo real e aos objetivos *kaizen* no local. Em um piloto, a empresa observou uma melhoria de produtividade de 8% nas tarefas de logística.[a]

- Na Siemens, exércitos de robôs 3-D parecidos com aranhas usam IA para se comunicar e colaborar para construir coisas no laboratório da empresa em Princeton, Nova Jersey. Cada robô está equipado com sensores de visão e scanners a laser. Em conjunto, eles unem forças para fabricar em movimento.[b]

- Na Inertia Switch, a inteligência robótica e a fusão de sensores permitem a colaboração entre robôs e humanos. A empresa de manufatura usa os robôs da Universal Robotics, que podem tanto aprender tarefas em movimento quanto se mover de forma flexível entre as tarefas, tornando-os ajudantes úteis para os humanos no chão de fábrica.[c]

a. Dave Gershgorn, "Hitachi Hires Artificially Intelligent Bosses for Their Warehouses", Popular Science, 8 de setembro de 2015, www.popsci.com/hitachi-hires-artificial-intelligence-bosses-for-their-warehouses.

b. Mike Murphy, "Siemens is building a swarm of robot spiders to 3D-print objects together", Quartz, 29 de abril de 2016, https://qz.com/672708/siemens-is-building-a-swarm-of-robot-spiders-to-3d-print-objects-together/.

c. Robotiq, "Inertia Switch Case Study – Robotiq 2-Finger Adaptive Gripper – ROBOTIQ", YouTube video, 1min32, postado em 28 de julho de 2014, https://www.youtube.com/watch?v=iJftrfiGyf.

Robôs Mais Gentis

Durante o segundo "inverno" da IA, Rodney Brooks desafiou uma das ideias fundamentais que havia impulsionado pesquisas anteriores sobre IA — a dependência de símbolos predeterminados e as relações entre eles para ajudar os computadores a "entender" o mundo. (Veja o box "Os Dois Invernos da IA".) Ele defendia uma abordagem muito mais robusta: em vez de catalogar o mundo com antecedência e representá-lo com símbolos, por que não o pesquisar com sensores? "O mundo é o seu melhor modelo", escreveu em um famoso artigo de 1990, chamado de "Elephants Don't Play Chess" [Elefantes Não Jogam Xadrez, em tradução livre]. (Brooks mais tarde viria a fundar a iRobot, fabricante do aspirador robótico Roomba, bem como a Rethink Robotics. Até o momento, a iRobot implantou a maior frota de robôs autônomos do mundo: entre 2002 e 2013, mais de 10 milhões de unidades foram vendidas.[4])

Agora, a filosofia de IA de Brooks está bem viva tanto na pesquisa quanto na indústria. A Rethink Robotics, em particular, demonstra o poder de um braço equipado com sensores incorporados e algoritmos para controle de movimento que permitem que ele "sinta" o seu caminho e se adapte. O braço possui atuadores elásticos e juntas reversíveis, o que significa que ele pode se flexionar com um impacto para absorver energia. Consequentemente, mesmo que ele bata em alguma coisa ou alguém, não teria o impacto de um braço robótico tradicional.

O que é possível quando os braços robóticos podem aprender sozinhos, como acontece com os produtos da FANUC? Ou quando um braço opera de maneira mais gentil, como nos produtos da Rethink?

O Chão de Fábrica "Autoconsciente"

Os Dois Invernos da IA

O caminho para a colaboração homem-máquina — um marco da terceira onda de melhoria de processos — estava longe de ser tranquilo. Inicialmente, a IA foi recebida com considerável entusiasmo, mas logo depois vieram resultados que não corresponderam ao entusiasmo inicial, e, depois, mais progresso, levando a uma segunda onda de empolgação e, então, à decepção. Esses períodos de inatividade ficaram conhecidos como os dois "invernos" da IA.

A área da IA começou nos anos 1950, e, durante as décadas que se seguiram, qualquer progresso na pesquisa só foi possível aos trancos e barrancos. Na década de 1970, o financiamento havia se dissipado tanto que a época ficou conhecida como o primeiro inverno da IA. Então, durante alguns anos na década de 1980, alguns pesquisadores progrediram nos chamados sistemas especialistas — sistemas de computador carregados com códigos que permitiam a uma máquina executar um tipo de raciocínio rudimentar usando regras "se-então", em vez de seguir um algoritmo estrito e predeterminado. A revolução dos computadores, no entanto, estava em andamento e a atenção foi desviada para os computadores pessoais à medida que se tornavam cada vez mais acessíveis e práticos para a pessoa comum. Mais uma vez, o dinheiro para a IA secou, e chegou o segundo inverno da IA. Somente na década de 2000 que a IA começou a atrair grandes investimentos novamente.

Na linha de montagem, os trabalhadores podem colaborar com um braço robótico sensível. Digamos que um trabalhador esteja montando um carro e precise colocar um painel interno em uma de suas portas. O robô pode levantar o painel e posicioná-lo no lugar, enquanto o trabalhador executa ajustes finos sem medo de que uma máquina desajeitada acerte sua cabeça. A IA ajuda tanto os robôs quanto as pessoas a exercitarem seus pontos fortes, e, no processo, a linha de montagem muda de forma.

Uma maneira como as linhas de montagem podem ser reconfiguradas é através da própria IA. Engenheiros do Instituto Fraunhofer de Fluxo de Materiais e Logística (IML)* vêm testando sensores incorporados para criar linhas de montagem adaptáveis em fábricas de automóveis. Essencialmente, a própria linha pode modificar as etapas de seu processo para atender às demandas de vários recursos e complementos para carros altamente personalizáveis. Assim, em vez de engenheiros projetarem uma linha de montagem para fazer um tipo de carro de cada vez, essas linhas podem se adaptar conforme necessário. Além disso, segundo Andreas Nettsträter, que coordena as iniciativas estratégicas do IML: "Se uma estação falha ou quebra, as outras também poderiam fazer o que deveria ter sido feito nesta estação de montagem."[5]

Isso significa que os funcionários da linha de montagem estão realizando tarefas menos robóticas (deixando essas tarefas para os robôs) e com mais nuances, enquanto os engenheiros de processo não precisam reconfigurar a linha toda vez que há uma alteração na demanda ou que uma máquina quebra. Eles podem gastar seu tempo trabalhando em tarefas mais criativas para obter mais eficiência, por exemplo.

---

* Em alemão, IML: Institut für Materialfluss und Logistik.

Siga os Dados

O que começa com braços robóticos inteligentes pode se estender a toda uma linha de produção e além: os processos habilitados por IA, em todos os ambientes manufatureiros e industriais, estão liberando o potencial humano em diversos contextos. O trabalho de manutenção, por exemplo, foi sempre auxiliado pela IA. Sistemas sofisticados de IA preveem quebras de máquinas *antes* que ocorram, o que significa que os trabalhadores de manutenção podem gastar menos tempo executando verificações e diagnósticos de rotina e mais tempo consertando os ativos de uma empresa. (Para outras aplicações, consulte os boxes "IA para Integração Mais Rápida das Máquinas" e "IA no Campo — Veículos Não Tripulados".)

A General Electric, por exemplo, acompanha seus produtos usando seu sistema habilitado para IA, chamado de Predix. O sistema conta com um conceito de "gêmeo digital", no qual todos os ativos de uma fábrica — do parafuso à correia transportadora e à lâmina de turbina — são monitorados e modelados em um computador. O Predix coleta e gerencia muitos dados e pode ser usado para reinventar os processos de negócio de três maneiras fundamentais:

- *Reinventando a manutenção.* A GE mantém estatísticas do ponto de instalação de um grande número de clientes e usa a tecnologia de aprendizado de máquina para prever quando determinadas peças podem falhar com base em suas condições atuais. Anteriormente, os profissionais de manutenção tinham um cronograma fixo para checar ou substituir certas peças — algo como trocar as velas de ignição de um carro a cada 75 mil milhas; checagens e substituições agora podem acontecer conforme a necessidade. A previsão aprimorada por IA economiza tempo e dinheiro, e tem o potencial de manter os funcionários de manutenção mais envolvidos em seus trabalhos.[6]

IA para Integração Mais Rápida das Máquinas

A Sight Machine, uma startup de São Francisco, usa a análise de aprendizado de máquina para permitir que seus clientes reduzam o tempo de paralisação ao adicionar novas máquinas na linha de produção. Em um caso, a tecnologia conseguiu reduzir em 50% o tempo de inatividade de um cliente, geralmente inerente à quebra de novos sistemas robóticos. Além disso, o ganho líquido foi um aumento de 25% no desempenho quando todos os ativos estavam em funcionamento. E a tecnologia não apenas ajuda a melhorar a eficiência da fábrica, mas também permite que engenheiros e funcionários de manutenção passem mais tempo lidando com outras tarefas de maior valor.[a]

a. "Jump Capital, GE Ventures, and Two Roads Join $13.5 Million Series B Investment in Sight Machine", Sight Machine, 22 de março de 2016, http://sightmachine.com/resources/analytics-news-and-press/jump-capital-ge-ventures-and-two-roads-join-13-5-million-series-b-investment-in-sight-machine/.

- *Reinventando o desenvolvimento de produtos.* Mais dados levam a um melhor P&D. A GE agora conecta sensores às partes mais quentes das turbinas para monitorar as mudanças físicas. Os sensores queimam em temperaturas operacionais; mas, até que isso aconteça, os dados durante a transição da turbina de fria para quente foram coletados. Essas informações ajudam os engenheiros a entenderem melhor a termodinâmica dos materiais usados nas turbinas e, potencialmente, a melhorarem as condições de operação desses produtos. Engenheiros, graças à IA, agora têm mais dados do que nunca para entender as operações de seus sistemas.[7]

O Chão de Fábrica "Autoconsciente"

- *Reinventando operações.* Os dados de campo coletados também permitem que a GE construa gêmeos digitais dos produtos implementados, como seus motores a jato. Os engenheiros podem testar voos virtuais em que o avião enfrenta o frio, o calor, a poeira, a chuva e até um bando de pássaros.[8] A empresa também está monitorando 10 mil turbinas eólicas, e seus gêmeos digitais estão ajudando as turbinas a se adaptarem em tempo real. Um valioso insight de uma análise desses dados é que, dependendo da direção do vento, pode ser melhor ter a turbina líder funcionando mais lentamente do que os engenheiros poderiam esperar. Quando a turbina dianteira absorve menos energia, as que estão atrás dela podem operar próximas aos níveis ideais, aumentando a geração de energia geral. Essa aplicação mostra que a tecnologia de gêmeos digitais pode ser aplicada além de um único produto para otimizar holisticamente toda a atividade de um parque eólico. De acordo com a GE, os gêmeos digitais poderiam aumentar a produção de parques eólicos em 20% e fornecer US$100 milhões em valor durante a vida útil de um parque eólico de 100 megawatts.[9]

Todos esses três usos do Predix estão liberando trabalhadores humanos de trabalhos rotineiros em prol de um trabalho mais envolvente. O trabalhador de manutenção consegue gastar mais tempo em consertos complicados e menos no monitoramento de rotina. O engenheiro tem mais dados para verificar sucessos e falhas do sistema, o que leva a soluções mais criativas no futuro. E, finalmente, os modelos de gêmeos digitais estão fornecendo um espaço experimental que é muito maior do que aquele que a maioria dos engenheiros utiliza. Esses modelos permitem que os engenheiros sejam mais criativos nas perguntas que fazem e permitem a revelação de ineficiências anteriormente ocultas, com o potencial de economias significativas de tempo e dinheiro.

IA no Campo — Veículos Não Tripulados

Agindo como um par extra de olhos no céu ou sob o mar, drones, alimentados por inteligência artificial, podem manter os trabalhadores humanos fora de perigo, permitindo que as equipes explorem remotamente terrenos potencialmente perigosos.

- O Fortescue Metals Group, que opera a mina de minério de ferro Cloudbreak, usa drones para coletar informações espaciais. Sua frota de robôs voadores reduziu significativamente o risco de segurança para operadores em áreas de alto risco.[a]

- Na BHP Billiton Ltd., veículos aéreos não tripulados, equipados com sensores infravermelhos e zoom telescópico, podem sinalizar problemas com vigas de segurança e estradas em construção. Eles também verificam as zonas de explosão para garantir que estejam livres de pessoas antes da detonação.[b]

- O "Echo Voyager", da Boeing, é um robô de águas profundas não tripulado que inspeciona infraestruturas submarinas, coleta amostras de água, cria mapas do fundo do oceano e ajuda na exploração de petróleo e gás.[c]

a. Allie Coyne, "Fortescue deploys survey drones at Cloudbreak mine" IT News, 31 de agosto de 2015, https://www.itnews.com.au/news/fortescue-deploys-survey-drones-at-cloudbreak-mine-408550.

b. Rhiannon Hoyle, "Drones, Robots Offer Vision of Mining's Future", Wall Street Journal, 28 de julho de 2016, http://www.wsj.com/articles/drones-robots-offer-vision-of-minings-future-1469757666.

c. "Boeing's Monstrous Underwater Robot Can Wander the Ocean for 6 Months", Wired, 21 de março de 2016, https://www.wired.com/2016/03/boeings-monstrous-underwater-robot-can-wander-ocean-6-months/.

O Armazém Lotado

Hoje, não é incomum entrar em um armazém ou centro de distribuição moderno e ver robôs deslizando pelo chão. (Para uma pequena amostra desses robôs de armazém e de cadeia de suprimentos mais inteligentes, consulte o box "IA em Armazém e Logística".)

Esses robôs costumam ser sofisticados o suficiente para ver aonde estão indo e entender o que estão fazendo. Mas eles têm suas limitações. Digamos que uma caixa de Cheerios esteja danificada, o que a fez ficar mais volumosa em um lado. A maioria dos robôs não consegue se adaptar. Eles precisariam ignorar o item e passar para o próximo. Mas os robôs de uma empresa chamada Symbotic têm a vantagem de algoritmos de visão de máquina que permitem avaliar um pacote de formato estranho e buscá-lo de qualquer maneira. Melhor ainda, os robôs podem medir rapidamente o espaço nas prateleiras para confirmar que uma caixa vai caber. Se não, o robô alerta um sistema de controle central, que redireciona automaticamente essa caixa para uma prateleira onde ela se encaixa. Os bots circulam pelo chão do armazém a 25km/h, carregando, "sentindo" e se adaptando ao longo do caminho.

A diferença entre um armazém tradicional e um com os robôs do Symbotic é gritante. Normalmente, caminhões descarregam paletes de produtos no cais, há uma área onde os paletes são armazenados até que as pessoas possam desembalar, e as esteiras transportadoras movem caixas de mercadorias para várias partes do armazém. Como os robôs Symbotic removem imediatamente produtos de paletes e os colocam em prateleiras, não é necessário reservar espaço para o armazenamento de paletes e não há necessidade de esteiras transportadoras. Assim, um armazém equipado com Symbotic tem mais espaço disponível para prateleiras. As ramificações são significativas: nos melhores cenários, um depósito pode armazenar duas vezes mais bens do que antes, diz Joe Caracappa, vice-presidente de desenvolvimento de negócios da Symbotic, ou pode operar em uma área com cerca de metade do tamanho. Além disso, armazéns menores podem se encaixar mais facilmente em bairros existentes, e itens perecíveis podem ser armazenados mais perto de seu ponto de venda.

Como a única interação humana com as mercadorias armazenadas em um depósito é quando elas são colocadas dentro e fora dos caminhões, devemos fazer a pergunta: o que acontece com os trabalhadores humanos no depósito? Caracappa diz que a Symbotic atualmente retreina muitos deles. Aqueles que realizavam manutenção em esteiras de transporte, por exemplo, são treinados para consertar robôs, e há novos papéis também. Caracappa diz que os operadores do sistema monitoram todo o fluxo de robôs. "Essas funções normalmente não existem no depósito antes da automação", explica ele, "mas as contratamos localmente, e o cliente fará parte do processo".[10] (Na parte dois deste livro, exploramos esses novos tipos de trabalhos em profundidade quando discutimos o meio-campo ausente em detalhes.)

IA em Armazém e Logística

A inteligência artificial está assumindo a tarefa de navegação e estoque em armazéns e mudando a forma como as pessoas pensam sobre o design do armazém.

- Quando a Amazon adquiriu a Kiva Robots, em 2012, ela sinalizou que os robôs móveis, que passavam pelos armazéns da Amazon, eram a chave para sua vantagem de satisfação. Os robôs não apenas ajudam a levantar e empilhar caixas plásticas cheias de produtos diferentes, mas também fazem o trabalho de transporte autônomo de itens em torno das instalações para os "selecionadores" humanos, que selecionam os produtos certos para atender a diferentes pedidos. Graças a esse aumento de eficiência, a empresa conseguiu oferecer o transporte no mesmo dia para os clientes.[a]

- A L'Oreal usa tecnologia de identificação por radiofrequência (RFID) e aprendizado de máquina para ajudar a evitar acidentes com empilhadeiras no depósito da empresa na Itália. O sistema de rastreamento avisa aos operadores de empilhadeiras e pedestres sobre outros veículos próximos, reduzindo as colisões.[b]

a. Nick Wingfield, "As Amazon Pushes Forward with Robots, Workers Find New Roles", *New York Times*, 10 de setembro de 2017, https://www.nytimes.com/2017/09/10/technology/amazon-robots-workers.html.

b. Claire Swedberg, "L'Oréal Italia Prevents Warehouse Collisions via RTLS", RFID Journal, 18 de agosto de 2014, http://www.rfidjournal.com/articles/view?12083/2.

Cadeias de Suprimentos que "Pensam"

Armazéns mais inteligentes são apenas o começo. As tecnologias de IA estão agora permitindo que cadeias de suprimentos inteiras se tornem cada vez mais inteligentes, de modo semelhante aos tipos de avanços que possibilitaram no chão de fábrica. É claro que as empresas querem minimizar quaisquer interrupções de produção em suas cadeias de suprimentos, que podem ter diversas origens — problemas de qualidade de fabricação com um fornecedor, instabilidade política de uma região, greves trabalhistas, eventos climáticos adversos e assim por diante. Para esse fim, a IA pode ajudar a coletar e analisar dados sobre fornecedores, oferecer uma melhor compreensão das variáveis em uma cadeia de suprimentos, antecipar cenários futuros e atividades semelhantes. As empresas também pretendem minimizar as incertezas ao longo do caminho. Aqui, a IA pode permitir que as empresas otimizem seu planejamento de demanda, façam uma previsão mais precisa e controlem melhor seus estoques. O resultado é uma cadeia de suprimentos mais ágil, capaz de antecipar e lidar com os altos e baixos das condições dinâmicas dos negócios.

Considere apenas uma parte do processo: planejamento de demanda. Conseguir o planejamento de demanda certo é um ponto problemático para muitas empresas, mas o uso de redes neurais, algoritmos de aprendizado de máquina e outras tecnologias de inteligência artificial diminuem essa dor. Uma empresa líder de alimentos saudáveis, por exemplo, alavancou os recursos de aprendizado de máquina para analisar suas variações de demanda e tendências durante as promoções. A análise levou a um modelo confiável e detalhado que poderia destacar os resultados esperados de uma promoção comercial. Os ganhos incluíram uma redução de 20% no erro de previsão e uma redução de 30% nas vendas perdidas.

Essas melhorias são os tipos procurados pela gigante de bens de consumo Procter & Gamble, cujo CEO declarou recentemente seu objetivo de reduzir os custos da cadeia de suprimentos em US$1 bilhão por ano. Parte dessas economias virão de esforços de curto prazo, como o uso de tecnologias de IA e internet das coisas (IoT) para automatizar armazéns e centros de distribuição. Outras economias virão de projetos de longo prazo, incluindo a automação customizada de entregas de produtos de até sete mil unidades de estoque diferentes. Se essas e outras iniciativas permitirão que a Procter & Gamble economize US$1 bilhão por ano em custos de cadeia de suprimentos, ainda não se sabe, mas é seguro dizer que a IA desempenhará um papel significativo nesses esforços.

As Fazendas que Alimentam

A tecnologia da IA não está apenas tendo um grande impacto nas cadeias de suprimentos e na fabricação de bens de consumo e maquinário industrial, mas também desempenha um grande papel na produção de alimentos. A necessidade de melhorar a eficiência na indústria agrícola é enorme. De acordo com várias estatísticas, 795 milhões de pessoas não têm comida suficiente, e, para acompanhar o crescimento da população, serão necessários mais alimentos nos próximos 50 anos do que nos últimos 10 mil anos juntos. Tanto a água doce como a terra arável são recursos historicamente difíceis de adquirir ou manter para a agricultura. A agricultura de precisão — que utiliza minuciosos dados de IA sobre o estado das culturas — promete melhorar significativamente a produtividade, reduzir o desperdício de recursos, como água e fertilizantes, e aumentar a eficiência geral.

Para ser eficaz, a agricultura de precisão requer uma vasta rede de diversos sensores de IoT para coletar dados granulares. Essas informações

Imaginando um Futuro de Humanos + Máquinas... Hoje

podem incluir imagens aéreas capturadas por satélites ou drones (para detectar problemas nas colheitas antes de serem visíveis ao nível do solo), sensores ambientais no campo (para monitorar a composição química do solo, por exemplo), sensores montados em equipamentos agrícolas, dados de previsão climática e bancos de dados do solo.

Para ajudar a entender esses vários fluxos de dados, a Accenture desenvolveu um novo serviço — o Precision Agriculture Service — que implementa a inteligência artificial para permitir uma melhor tomada de decisões com relação ao controle de pragas, uso de fertilizantes e assim por diante. A ideia é processar dados do sensor de IoT com um mecanismo de aprendizado de máquina para fornecer feedback que pode ser utilizado de duas maneiras: eles podem ser enviados diretamente para um agricultor, que então poderá implementar uma solução; ou pode ser roteado diretamente para o sistema de gerenciamento de trabalho digital de uma fazenda, que implementará as recomendações automaticamente. No sistema, um ciclo de feedback, que incorpora dados de sensores atualizados e análises em tempo real, pode ajudar a estabelecer um tipo de fazenda de autorrecuperação. Os agricultores podem fazer parte do ciclo quando aprovam as recomendações do sistema; mas com o tempo, à medida que o sistema se torna mais confiável, eles podem gastar seu tempo gerenciando outras tarefas que não são tão facilmente automatizadas.

A IA também está possibilitando modelos agrícolas totalmente novos, como a "fazenda vertical", na qual as plantas podem ser cultivadas em pilhas de bandejas de 9m de altura em ambientes urbanos, como armazéns da cidade. Em uma dessas instalações em Newark, Nova Jersey, administrada pela AeroFarms, os dados são continuamente coletados sobre temperatura, umidade, níveis de dióxido de carbono e outras variáveis, e o software de aprendizado de máquina analisa essas informações em tempo real para cultivar os vegetais (incluindo couve, rúcula e mostarda japonesa) da forma mais eficiente possível. Segundo a empresa, a usina de Newark deve usar 95% menos água e 50% menos fertilizante do que as fazendas tradicionais, e, como as lavouras são cultivadas em áreas internas, os pesticidas não são necessários. AeroFarms está prevendo que 2 milhões de libras de produtos podem ser cultivados anualmente na fazenda vertical de Newark, a apenas 24 km de Manhattan.[11]

A agricultura de precisão ainda não é difundida, mas algumas de suas tecnologias — a análise de dados de satélite, por exemplo — são usadas há anos. A diferença agora é a onipresença da IoT, que permite que os dados do sensor conversem com aplicativos, e que os aplicativos falem com sistemas habilitados para o aprendizado de máquinas. O objetivo final com a agricultura de precisão é que os sistemas distintos podem se unir para produzir recomendações sobre as quais os agricultores podem atuar em tempo real. O resultado são processos agrícolas que produzem menos resíduos e maiores rendimentos. Não é de admirar que os serviços de agricultura de precisão cresçam para US$4,55 bilhões até 2020.[12] À medida que a tecnologia se tornar mais usada, a terra será beneficiada, o agricultor será beneficiado e as centenas de milhões de pessoas que precisam de alimentos saudáveis e acessíveis, também. (Veja o box "IA para o Bem: Akshaya Patra".)

IA para o Bem: Akshaya Patra

Akshaya Patra, uma organização sem fins lucrativos da Índia com a visão de que "nenhuma criança na Índia será privada de educação por causa da fome", combina o poder da IA com as tecnologias blockchain (um livro-razão público digital e descentralizado) e de IoT. Para alcançar sua visão, o programa de refeição da empresa oferece uma refeição saudável para o almoço, a fim de manter as crianças suficientemente motivadas e nutridas para prosseguir com seu aprendizado. Desde 2000, quando começou alimentando 1.500 crianças, suas operações se expandiram para 1,6 milhão de crianças por ano em 2017; a organização comemorou sua bilionésima refeição servida em 2016. Até agora, a organização sem fins lucrativos demonstrou uma melhoria de 20% na eficiência em cozinhas selecionadas. Agora, o feedback é digitalizado, antes era introduzido manualmente, e o blockchain está gerando eficiências em auditoria, registro de frequência e processamento de faturas. A IA é usada para prever com precisão a demanda, e os sensores de IoT monitoram e sequenciam os processos de cozimento para minimizar o desperdício e garantir a constância na qualidade dos alimentos. A IA, em combinação com essas outras tecnologias, ajudará a Akshaya Patra a expandir suas operações de maneira eficiente, significando que mais crianças serão alimentadas e mantidas na escola.[a]

a. "About Us", Akshaya Patra, https://www.akshayapatra.org/about-us, acessado em 23 de outubro de 2017.

O Chão de Fábrica "Autoconsciente"

A Terceira Onda Industrial

Neste capítulo, estamos começando a ver como a inteligência artificial pode mudar a natureza dos processos de negócio. Fábricas e ambientes industriais continuarão a ser ambientes altamente automatizados por uma variedade de razões; segurança e eficiência são dois principais fatores. Embora novas tecnologias de automação substituam alguns trabalhadores humanos, ainda há muito espaço para as pessoas, desde que os executivos olhem além do deslocamento de empregos e comecem a pensar de maneira diferente sobre o trabalho. Essa é a parte *liderança* de nossa estrutura MELDH, que detalhamos na introdução, e exige que os executivos se concentrem nos processos de reinvenção e novos papéis para os funcionários que trabalham no meio-campo ausente (como discutimos em detalhes na segunda parte). Conforme observado neste capítulo, algumas habilidades estão se tornando mais requisitadas e novas categorias de habilidades serão necessárias. A GE e os compradores de seus equipamentos, por exemplo, como veremos no Capítulo 8, sempre precisarão de trabalhadores de manutenção para poder trabalhar bem com novos sistemas que podem fundir suas habilidades com tecnologias avançadas de novas maneiras. Essa é a parte *habilidades* do MELDH. Os trabalhadores nesses empregos precisarão fazer o que as pessoas fazem bem: adaptar-se a novas situações e encontrar soluções novas e criativas para os desafios que surgem. Deixe que as máquinas façam o trabalho pesado, o monitoramento e as tarefas monótonas.

No caso dos pesquisadores, engenheiros, fazendeiros e outros, os dados e análises fornecidos pelos sistemas IA podem atuar como um terceiro olho. E é por isso que a parte dos *dados* do MELDH é tão importante. De repente, sistemas industriais ou ecológicos muito complexos tornam-se conhecíveis. Engenheiros e gerentes podem eliminar ineficiências anteriormente invisíveis e fazer alterações em certos aspectos de um processo com confiança. Quando você avalia honestamente os pontos fortes dos trabalhadores humanos e das máquinas, e o que eles fazem bem quando colaboram, surge um novo mundo de possibilidades para administrar um negócio e projetar seus processos — essa é a importante parte da *mentalidade* do MELDH. Explorando essas possibilidades, as empresas muitas vezes podem desenvolver novos negócios, como fazendas verticais. De fato, é através da parte da *experimentação* do MELDH que os executivos serão capazes de descobrir inovações revolucionárias que poderiam transformar sua empresa, se não, toda a indústria.

No próximo capítulo, levamos a IA às funções de back office. É onde a automação da "segunda onda" está arraigada, e a "terceira onda" da IA tem sido um alívio bem-vindo para muitos que têm trabalhado com ferramentas de TI ou processos ineficientes. Aqui também veremos como a imaginação da IA e das pessoas tem transformado processos aparentemente banais, abrindo novas possibilidades de eficiência e crescimento por meio de colaborações homem-máquina.

Uma Breve História da IA

A tecnologia condutora por trás da atual era de processos adaptativos é a IA, que vem evoluindo ao longo de décadas. Um breve histórico da tecnologia fornece um contexto básico a seu estado atual de recursos avançados.

O campo da inteligência artificial nasceu oficialmente em 1956, quando um pequeno grupo de cientistas da computação e pesquisa, organizado por John McCarthy, incluindo Claude Shannon, Marvin Minsky e outros, se reuniu no Dartmouth College para a primeira conferência para debater a possibilidade de que a inteligência de máquina fosse capaz de imitar a inteligência humana.[a]

A conferência, essencialmente uma sessão prolongada de brainstorming, baseou-se no pressuposto de que todos os aspectos da aprendizagem e da criatividade poderiam ser descritos com tanta precisão que possibilitariam ser matematicamente modelados e, portanto, replicados por máquinas. Os objetivos eram sublimes; da proposta do evento: "Será feita uma tentativa de descobrir como fazer com que as máquinas usem linguagem, forma, abstrações e conceitos, resolvam problemas agora reservados para os seres humanos e melhorem a si mesmas." Claro, isso foi apenas o começo.

a. "Artificial Intelligence and Life in 2030", Stanford One Hundred Year Study on Artificial Intelligence (AI100), setembro de 2016, https://ai100.stanford.edu/ sites/default/files/ai_100_report_0831fnl.pdf.

Imaginando um Futuro de Humanos + Máquinas... Hoje

A conferência teve sucesso quase que imediatamente na definição da área e na unificação de muitas das ideias matemáticas que giravam em torno do conceito de inteligência artificial. Também inspirou inteiramente novas áreas de pesquisa nas décadas que se seguiram. Minsky, com Seymour Papert, por exemplo, escreveu o que foi considerado o livro fundamental sobre o alcance e as limitações das redes neurais, um tipo de inteligência artificial que usa os neurônios biológicos como modelo. Outras ideias, como sistemas especialistas — em que um computador continha armazenamentos profundos de "conhecimento" para domínios específicos, como arquitetura e diagnóstico médico —, processamento de linguagem natural, visão computacional e robótica móvel também surgiram no evento.

Um participante da conferência foi Arthur Samuel, um engenheiro da IBM que estava construindo um programa de computador para jogar damas. Seu programa avaliaria o estado atual de uma mesa de damas e calcularia a capacidade de uma determinada posição levar a uma vitória. Em 1959, Samuel cunhou o termo "aprendizado de máquina": o campo de estudo que dá aos computadores a capacidade de aprender sem ser expressamente programado. Em 1961, seu programa de aprendizado foi usado para derrotar o quarto melhor jogador de damas dos Estados Unidos. Mas como Samuel era modesto e não gostava da política de auto-

O Chão de Fábrica "Autoconsciente"

promoção, somente depois de sua aposentadoria da IBM, em 1966, que o significado de seu trabalho de aprendizado de máquina tornou-se mais amplamente conhecido.[b]

Nas décadas após a conferência, o aprendizado de máquina permaneceu obscuro, conforme outros tipos de inteligência artificial ocupavam o centro do palco. Em particular, pesquisadores nas décadas de 1970 e 1980 concentraram-se em um conceito de inteligência baseado em símbolos físicos e manipulado por regras lógicas. Esses sistemas simbólicos, no entanto, não obtiveram sucesso prático na época, e seus fracassos levaram a um período conhecido como "inverno da IA".

Nos anos 1990, no entanto, o aprendizado de máquina começou a florescer à medida que seus profissionais passaram a integrar estatísticas e a teoria da probabilidade em suas abordagens. Ao mesmo tempo, a revolução da computação pessoal começou. Durante a década seguinte, os sistemas digitais, sensores, a internet e os telefones celulares se tornariam comuns, fornecendo todos os tipos de dados para especialistas em aprendizado de máquina para o treinamento desses sistemas adaptativos.

Hoje, pensamos em um aplicativo de aprendizado de máquina como aquele que constrói modelos baseados em conjuntos de dados que engenheiros ou especialistas usam para treinar o sistema. É um forte contraste com a programação tradicional de computadores. Os algoritmos padrão

b. John McCarthy and Ed Feigenbaum, "Arthur Samuel: Pioneer in Machine Learning", Stanford Infolab, http://infolab.stanford.edu/pub/voy/museum/ samuel.html, acessado em 23 de outubro de 2017.

Imaginando um Futuro de Humanos + Máquinas... Hoje

seguiriam um caminho predeterminado, colocado em movimento pelas instruções estáticas ou código dos programadores. Um sistema de aprendizado de máquina, por outro lado, pode aprender enquanto opera. A cada novo conjunto de dados, ele atualiza seus modelos e a maneira como "vê" o mundo. Em uma era na qual as máquinas podem aprender e mudar com base em suas experiências e dados, os programadores tornaram-se menos legisladores e ditadores, e mais uma espécie de professores e treinadores.

Agora, os sistemas de IA que implementam o aprendizado de máquina estão em toda parte. Os bancos os usam para detecção de fraudes; sites de namoro os utilizam para sugerir possíveis correspondências; profissionais de marketing os usam para tentar prever quem responderá favoravelmente a um anúncio; e sites de compartilhamento de fotos, para reconhecimento automático de rosto. Nós percorremos um longo caminho desde o jogo de damas. Em 2016, o AlphaGo, do Google, demonstrou um avanço significativo no aprendizado de máquina. Pela primeira vez, um computador venceu um campeão humano de Go, um jogo muito mais complexo que damas ou xadrez. Em um sinal dos tempos, o AlphaGo exibiu movimentos que foram tão inesperados que alguns observadores os consideraram realmente criativos e até "belos".[c]

O crescimento da IA e o do aprendizado de máquina tem sido intermitente ao longo das décadas, mas a maneira como eles se infiltraram em produtos e operações de negócios nos últimos anos mostra que eles

c. Cade Metz, "How Google's AI Viewed the Move No Human Could Understand", Wired, 14 de março de 2016, https://www.wired.com/2016/03/googles-ai-viewed-move-no-human--understand/.

O Chão de Fábrica "Autoconsciente"

estão mais do que prontos para o horário nobre. De acordo com Danny Lange, ex-chefe de aprendizado de máquina da Uber, a tecnologia finalmente saiu do laboratório de pesquisa e está rapidamente se tornando "a pedra angular da disrupção dos negócios".[d]

d. Daniel Lange, "Making Uber Smarter with Machine Learning", apresentação no Machine Learning Innovation Summit, São Francisco, 8–9 de junho de 2016.

2

Contabilidade para Robôs

IA em Funções Corporativas

A lavagem de dinheiro é uma das principais preocupações das instituições financeiras, que podem incorrer em multas pesadas e rígidas restrições regulatórias por quaisquer infrações. Em um grande banco, até 10 mil funcionários eram designados para identificar transações e contas suspeitas que poderiam indicar lavagem de dinheiro, financiamento de terrorismo e outras atividades ilegais. Esse monitoramento agressivo era necessário para atender às rigorosas expectativas do Departamento de Justiça dos Estados Unidos, e os custos incorridos eram altos, com um excessivo número de falsos positivos que o banco era obrigado a investigar.

Em resposta, o banco implementou um conjunto completo de avançadas ferramentas analíticas para a detecção de lavagem de dinheiro (DLD), que incluem algoritmos de aprendizado de máquina para segmentar melhor as transações e as contas, e para estabelecer os limiares ideais e soar o alerta de quaisquer atividades suspeitas. Tudo isso é feito de modo dinâmico para incorporar os dados mais recentes e os últimos resultados. Além do mais, o uso de análise de rede está ajudando a descobrir novos padrões valiosos — por exemplo, a proximidade de uma relação de negócios entre dois clientes do banco ajuda a determinar a probabilidade de que, se um deles estiver envolvido em atividade ilícitas, então o outro também deve estar.

Até agora, os resultados foram impressionantes. O sistema DLD reduziu os alertas falsos positivos em até 30%, permitindo aos funcionários mais tempo para investigar os casos que requerem julgamento humano e especialização em conformidade. O sistema também ajudou a reduzir o tempo necessário para investigar cada alerta, resultando em uma diminuição drástica de 40% nos custos.

Permitindo que Humanos Sejam Mais Humanos

As pessoas raramente gostam de realizar atividades repetitivas ou tarefas robóticas todo santo dia. Converse com pessoas que já trabalharam em um processo com muitos passos rotineiros e você verá como elas apreciam uma situação inesperada que quebre a rotina de um dia ou semana de trabalho. E se isso lhes der a chance de resolver um problema difícil, elas sentem que fizeram a diferença para a organização ou talvez até na vida de alguém. Uma pesquisa realizada por Jordan Etkin, da Duke University, e Cassie Mogilner, da Wharton School, sugere que um pouco de variedade durante um dia de trabalho leva a um aumento da felicidade, provavelmente relacionado a um maior senso de estímulo e de produtividade.[1] Então, a questão se torna: Por que continuar a treinar pessoas para trabalharem como robôs? Por que não permitir que os funcionários sejam mais humanos? Ou, como aquele banco global descobriu, por que não deixar que os funcionários se concentrem em tarefas de maior valor, que requerem seu julgamento, experiência ou expertise?

Nossa pesquisa confirmou que, em muitos casos, a IA permite aos funcionários serem mais humanos. A natureza mecânica de alguns trabalhos administrativos, como faturamento, escrituração contábil, contabilidade, reclamações, processamento de formulários e agendamento, surge inicialmente do uso de tecnologias de TI tradicionais que exigiam que os humanos se adaptassem às limitações das máquinas das décadas de 1990 e 2000. Recursos humanos, segurança de TI e departamentos de conformidade de bancos, todos usam processos frequentemente compostos de tarefas repetitivas e bem definidas. Essa foi a "segunda onda" de aperfeiçoamento do processo de negócio.

Este capítulo examina iniciativas inovadoras de melhorias — uma tendência que vem crescendo há muitos anos; mas, graças a avanços tecnológicos, só recentemente se tornou viável para a maioria das organizações. Mostramos o exemplo que trata de questões fundamentais que qualquer pessoa interessada em implementar a IA para processos amplos deve estar se perguntando. Como será esse tipo de trabalho nesta nova era de transformação nos processos de negócio? Quais tarefas são mais adequadas para humanos e quais são melhores para máquinas? Embora seja verdade que muitas organizações podem ter ganhos imediatos significativos ao usar a IA com sua força de trabalho atual, o que acontecerá se você repensar completamente seus processos em torno de sistemas ultrainteligentes? Que tipo de crescimento, serviços e produtos se tornam possíveis?

Seu Robô de Escritório

Para responder a essas perguntas, vamos começar com um processo familiar: categorizar e resolver reclamações. No passado, grande parte do trabalho do processo de classificação das reclamações dos clientes era feita manualmente, e o tédio de muitas dessas tarefas prejudicava a satisfação das pessoas com o trabalho. Na Virgin Trains, por exemplo, uma empresa operadora de trens do Reino Unido, uma equipe de representantes de

Imaginando um Futuro de Humanos + Máquinas... Hoje

atendimento ao cliente precisaria ler, classificar e encaminhar manualmente as reclamações. Essas atividades repetitivas ocupavam o tempo e a atenção dos funcionários, e os cansavam mais do que as outras tarefas que realizavam, como falar diretamente com os clientes.

Como o processo de leitura, classificação e encaminhamento é claramente definido, é, de certa forma, um excelente exemplo de processo maduro para automação. Mas, como as informações recebidas são baseadas em texto e são consideradas "não estruturadas" aos olhos dos sistemas de software, a análise de texto pode ser difícil para um sistema menos avançado. É aí que entra a IA. A Virgin Trains instalou uma plataforma de aprendizado de máquina, a inSTREAM, com recursos de processamento de linguagem natural capazes de reconhecer padrões em dados não estruturados, analisando um conjunto de exemplos semelhantes — nesse caso, reclamações — e acompanhando como os representantes de atendimento ao cliente interagem com o texto que recebem.

Agora, quando uma reclamação chega à Virgin Trains, ela é automaticamente lida, classificada e empacotada em um arquivo do caso que um funcionário pode revisar e processar rapidamente. As reclamações mais comuns obtêm as respostas automatizadas apropriadas. Se o software não estiver totalmente confiante na avaliação de uma reclamação, ela será tratada como exceção e encaminhada para revisão de um funcionário humano; a resposta do funcionário atualiza efetivamente o modelo do software. Com o tempo, esse tipo de feedback melhora a confiança no algoritmo para um conjunto de cenários cada vez maior. O sistema é capaz de lidar com reclamações concisas ou prolixas, genéricas ou específicas, no idioma de operação ou em outros.

IA em Processos de Negócio

Para cada empresa, unidade e divisão de negócios, há uma grande quantidade de atividades nos bastidores. A introdução da IA ajuda a compensar o fardo das tarefas repetitivas e de baixa visibilidade para que os funcionários consigam se concentrar nas tarefas de alto valor.

- No Goldman Sachs, a IA estuda até um milhão de relatórios de analistas diferentes para identificar os principais fatores que afetam os preços das ações.[a]

- A Woodside Petroleum usa o Watson, da IBM, para estender o compartilhamento de lições aprendidas para os departamentos de RH, jurídico e de exploração.[b]

- Com moderadores humanos, o *Huffington Post* usa a IA para identificar comentários inapropriados, spams e linguagem abusiva.[c]

- A Universidade Estadual do Arizona passou a usar uma ferramenta de aprendizado adaptativa que emprega aprendizado de máquina para oferecer um tutor personalizado para alunos em aulas introdutórias.[d]

a. Nathaniel Popper, "The Robots Are Coming for Wall Street", *New York Times*, 25 de fevereiro de 2016, https://www.nytimes.com/2016/02/28/magazine/the-robots-are-coming-for-wall-street.html.

b. Daniel Russo, "Hiring Heroes: How Woodside Energy Works with IBM Watson", IBM Watson blog, 11 de setembro de 2017, https://www.ibm.com/blogs/watson/2017/09/hiring-heroes-woodside-energy-works-ibm-watson/.

c. Mike Masnick, "HuffPost Moderates Comments to Please Advertisers [Updated: Or Not]", *Tech Dirt*, 30 de outubro de 2012, https://www.techdirt.com/articles/20121022/12562620788/huffpost-moderates-comments-to-please-advertisers.shtml.

d. Seth Fletcher, "How Big Data Is Taking Teachers Out of the Lecturing Business", *Scientific American*, 1º de agosto de 2013, https://www.scientificamerican.com/article/how-big-data-taking-teachers-out-lecturing-business.

Graças a essa nova tecnologia, o departamento de reclamações da Virgin Trains conseguiu diminuir o trabalho manual em 85%. As correspondências também aumentaram em 20%, porque os novos recursos tornaram a empresa mais receptiva a interações com os clientes. Anteriormente, a empresa só aceitava reclamações através de seu site. Agora, ela consegue processar consultas por qualquer meio, incluindo e-mail, fax, correio tradicional e mídia social.[2] (A Virgin Trains é uma das muitas empresas que adicionou inteligência automatizada ao back office; veja o box "IA nos Processos de Negócio" para mais exemplos.)

Muito Além da RPA

O sistema da Virgin Trains é uma forma relativamente avançada de automação de funções administrativas porque é capaz de analisar e se adaptar a dados não estruturados, bem como ao súbito influxo de dados. Essas aplicações são chamadas de "automação robótica de processos" ou RPA (acrônimo de *robotic process automation*). Simplificando, RPA é um software que realiza tarefas digitais de escritório que são administrativas, repetitivas e, principalmente, transacionais dentro de um fluxo de trabalho. Em outras palavras, o RPA *automatiza* os processos existentes. Mas, a fim de *reinventar* os processos, as empresas devem utilizar tecnologias mais avançadas, ou seja, a IA. (Veja o box "Tecnologias e Aplicações de IA: Como Isso Tudo Se Encaixa?", no final deste capítulo.)

Agora estamos falando de sistemas que utilizam técnicas de IA, como visão computacional, ou ferramentas de aprendizado de máquina para analisar informações não estruturadas ou complexas. Eles são capazes de ler vários estilos de faturas, contratos ou ordens de compra, por exemplo. Podem processar esses documentos, independentemente do formato, e lançar os valores corretos em formulários e bancos de dados para ações futuras. Há ainda sistemas mais avançados que empregam algoritmos sofisticados de aprendizado de máquina não apenas para executar as tarefas e processos para os quais foram programados, mas também para avaliá-los e se adequar conforme necessário. Os sistemas conseguem aprender observando os humanos trabalharem, e, assim, melhoram seu desempenho ao longo do tempo. Em outras palavras, eles são exatamente o tipo de tecnologia que está possibilitando a terceira onda de aprimoramento nos processos de negócio — processos adaptativos — os quais tratamos no capítulo de introdução.

Essas aplicações são mais transformacionais e normalmente exigem que os funcionários humanos participem ativamente, aplicando um tipo de conhecimento tácito ou especialidade difícil de explicar ou modelar. Pense no sistema de combate à lavagem de dinheiro do banco global, que abordamos: uma transação financeira complicada é processada; um sistema automatizado a sinaliza como suspeita; e um especialista humano a julga para decidir se ela merece uma investigação mais aprofundada. Esse tipo de colaboração entre humanos e máquinas também é típico da terceira onda de transformação do processo de negócio.

As empresas podem implementar uma ampla gama dessas tecnologias, às vezes até para a mesma aplicação. Análise de caso: processo da Unilever para contratação de funcionários. Digamos que você esteja procurando emprego e através do LinkedIn encontre uma posição na Unilever que pode ser adequada. Para a primeira rodada do processo de contratação, você seria convidado a participar de 12 jogos online com base em testes sobre neurociência cognitiva. Os jogos ajudam a avaliar certas características, como a aversão ao risco e a capacidade de ler dicas emocionais versus contextuais. De acordo com a Unilever, não há respostas certas ou erradas para os jogos, porque, por exemplo, uma tendência a assumir riscos pode ser adequada para um tipo de trabalho, enquanto a aversão a ele, para outro. Para essa rodada do processo de contratação, não é necessário o uso de IA avançada, e uma tecnologia relativamente básica como a RPA seria suficiente.

No entanto, se você, como candidato, chegar à próxima rodada, será solicitado que envie uma entrevista gravada em vídeo, em seu computador ou smartphone, na qual responderia a um conjunto de perguntas criadas para a posição específica em que você está interessado. E é aqui que as tecnologias sofisticadas de inteligência artificial entram em ação: suas respostas seriam, então, analisadas pelo HireVue, uma aplicação de IA que não apenas registra as palavras que você usa, mas também sua linguagem corporal e entonação. Os melhores candidatos para o cargo são, então, chamados ao escritório da empresa, onde podem ser avaliados por humanos que tomarão a decisão final de contratação.

Esse exemplo da Unilever não apenas mostra como diferentes tecnologias podem ser usadas para diferentes partes da mesma aplicação, mas também demonstra o poder da colaboração homem-máquina. Dentro de 90 dias de operação do novo sistema, as inscrições para as vagas de emprego haviam dobrado para 30 mil em relação ao mesmo período do ano anterior. Além disso, o tempo médio para que alguém seja contratado caiu de 4 meses para apenas 4 semanas, o tempo que os recrutadores passaram analisando as inscrições despencou 75%, e a empresa informa que depois da implementação do sistema contratou o grupo mais diversificado até então. Ainda houve um aumento drástico nas universidades representadas, de 840 para 2.600.[3]

Como Você Sabe Quais Processos Mudar?

Repetição. Replicação. Redundância. Um processo bem delineado. Se esses elementos aparecerem em suas operações de negócios, é um indício de que as tarefas ou os processos estão prontos para serem modificados.

Roger Dickey, desenvolvedor e fundador da Gigster, uma startup em rápido crescimento, reconheceu a replicação e a redundância no código da maioria das aplicações de software. Ao mesmo tempo, cada novo projeto de software — independentemente do quanto era semelhante aos outros que vieram antes — era incrivelmente complexo de construir e continha bugs e armadilhas que reduziam a produção. A IA poderia ser usada para ajudar a reinventar os processos de negócio necessários para construir o software?

A resposta, como a Gigster descobriu, é sim. A empresa normalmente usa IA para avaliar as necessidades de qualquer projeto de software e automaticamente monta uma equipe de desenvolvedores especializada para construir o software. Se você é uma pequena empresa que precisa de um aplicativo ou de algum outro produto de software, mas não tem tempo ou recursos para contratar uma equipe de desenvolvedores, você recorre à Gigster. Se você é uma grande corporação que não quer desviar recursos de projetos estabelecidos, recorre à Gigster.

A Gigster é efetivamente voltada para várias áreas empresariais: RH (as equipes de desenvolvedores são montadas usando IA), compras (as cotações são geradas usando IA) e TI (membros de desenvolvimento trabalham com assistência habilitada por IA e são gerenciados por ela).

Como a Gigster ajuda as áreas de aquisição e de RH? Suponha que você gostaria de criar um aplicativo que ajudasse os pacientes a consolidarem seus registros médicos para que sejam mais facilmente compartilhados com seus médicos. Por onde você começa? Primeiro, fornece à Gigster um pequeno documento explicando a função principal do aplicativo e como você imagina que uma pessoa o usará. Na Gigster, a descrição do projeto é cruzada com outras em seu portfólio de "estruturas de dados", que é essencialmente um catálogo de recursos de software. Dickey diz que sua empresa mapeou o "genoma do software" e diferencia 500 características que um produto pode ter. Em seguida, a Gigster leva em consideração cerca de 20 outros requisitos do cliente para a aparência da interface do usuário ou a rapidez com que o trabalho precisa ser concluído, e assim por diante. A partir do modelo, descrição e requisitos do cliente, o gerador de orçamentos de IA da Gigster usa os projetos anteriores com restrições semelhantes para estimar um preço e um prazo.

Se você concordar com o preço e o prazo, o próximo conjunto de recursos de IA da Gigster será executado. A empresa emprega seu "construtor de equipe", que combina as demandas de seu aplicativo com os membros de equipes de desenvolvimento de software capazes de atender às suas necessidades. Uma equipe típica consistirá de três a cinco pessoas: um gerente de projeto, um ou dois designers, e um ou dois desenvolvedores, todos de alto desempenho recrutados e monitorados de perto pelo sistema online da Gigster, que permite à empresa garantir produtos de qualidade e dentro do prazo. Essa configuração inicial leva de um a três dias.

Como os desenvolvedores de software trabalham em um ambiente digital, tudo o que fazem pode ser registrado de maneira relativamente fácil e depois analisado. "Acreditamos que o trabalho é mensurável e que os dados têm padrões, e esses padrões podem ser explorados para identificação de novas eficiências no trabalho", diz Dickey. Isso significa que a Gigster sabe quais processos são usados para tornar um projeto de software um sucesso — tendo como base centenas de outros semelhantes — e que uma ferramenta de inteligência artificial pode usar essas informações para detectar possíveis problemas de produção antes que saiam do controle. Além disso, sempre que os desenvolvedores têm problemas com qualquer parte específica do código, um assistente de IA pode automaticamente colocá-los em contato com alguém que tenha resolvido recentemente ou esteja lidando com um problema semelhante. É "um assistente de IA que sabe onde você está no projeto", diz Dickey, "e pode conectar você a outras pessoas no mundo fazendo a mesma coisa".[4] Esse tipo de enriquecimento dos funcionários é uma das chaves da terceira onda de colaboração homem-máquina.

Como Você Sabe o Quanto Mudar?

Pela própria natureza de seus negócios — software —, a Gigster conseguiu implantar a inteligência artificial em uma variedade de processos de TI e de negócios. No entanto, outras empresas poderiam se sair melhor aplicando-a a apenas alguns processos. Para essas organizações, os executivos precisam tomar decisões sensatas sobre a melhor forma de "amplificar" os funcionários existentes e devem ter um plano para escalonar o uso de IA nos processos.

Essas questões eram preocupações importantes para o SEB, um grande banco sueco, que vem se ocupando da instalação de uma assistente virtual chamada Amelia. Construída pela IPsoft, Amelia (mais tarde renomeada como Aida, na aplicação do SEB) agora interage diretamente com 1 milhão de clientes do SEB. Nas primeiras três semanas neste papel, o software realizou mais de 4 mil conversas com 700 pessoas e foi capaz de resolver a maioria dos problemas, declarou Rasmus Järborg, CSO do SEB. A decisão de transferir Aida para um cargo de atendimento ao cliente só aconteceu depois que o banco testou o software internamente como um agente de help desk virtual de TI, auxiliando os 15 mil funcionários do banco.[5]

Imaginando um Futuro de Humanos + Máquinas... Hoje

Aida é proficiente em conversas usando linguagem natural, e a tecnologia é até capaz de monitorar a entonação de voz de quem liga, como forma de prestar um serviço melhor no futuro. O software se adapta, aprendendo novas habilidades ao monitorar agentes humanos de atendimento ao cliente. Isso significa que suas capacidades melhoram e aumentam com o tempo; novas tarefas e processos dentro do departamento de atendimento ao cliente podem ser automatizados com pouco esforço direto das pessoas que trabalham lá.

O SEB é o primeiro banco a usar Amelia para interações com clientes, e a IPsoft ajudou a reunir um grupo interno de indivíduos talentosos capazes de mentorar o software. Esses mentores humanos supervisionam o aprendizado e o desempenho, e identificam novas maneiras de aplicar a tecnologia para o serviço ao cliente.[6] Tratamos desse tipo de colaboração homem-máquina em mais detalhes no Capítulo 5.

Aida vem demonstrando que comunicações em linguagem natural com os clientes são possíveis em ambientes empresariais grandes e complexos. À medida que as técnicas de linguagem natural se aperfeiçoam e as interfaces progridem, elas continuarão a se disseminar por diferentes funções em vários setores. No Capítulo 4, trataremos de como os diversos chatbots de processamento de linguagem natural, como a Alexa, da Amazon, estão se tornando os novos rostos de atendimento ao cliente das empresas.

Redefinindo um Setor Inteiro

Conforme a IA se torna cada vez mais capaz de adicionar inteligência aos processos financeiros e administrativos [middle e back office], a tecnologia tem o potencial para redefinir setores inteiros. No setor de segurança de TI, por exemplo, um número crescente de empresas de segurança está combinando abordagens de aprendizado de máquina para criar defesas ultrainteligentes em constante evolução contra softwares maliciosos. Esses sistemas são capazes de descobrir vírus e malwares nocivos antes que causem danos, e conseguem prever vulnerabilidades antes que se tornem falhas que permitam aos hackers invadirem sistemas inteiros. Em alguns casos, o processo de segurança de TI é um ciclo automatizado fechado; os humanos podem se afastar dos controles diários e usar seu tempo para investigar ameaças ou criar novas simulações para testar e treinar bots. (Veja o box "Embate de Bots".)

Em cibersegurança tradicional, uma empresa pode executar análise nos dados existentes, coletando assinaturas de ameaças e usando-as para se proteger de ameaças futuras. É uma operação estática, incapaz de se adaptar em tempo real. Em contrapartida, as abordagens baseadas em IA conseguem reconhecer padrões anômalos assim que surgem. Isso é feito através da calibragem dos modelos com base em comportamento do tráfego de rede e classificando anomalias de acordo com seu distanciamento do comportamento normal. Ainda, a análise baseada em IA se aprimora conforme cada alerta é resolvido — seja por uma máquina ou por um humano —, incorporando efetivamente cada novo insight ao sistema enquanto a análise é executada.

Embate de Bots

Em 2016, no DARPA Cyber Grand Challenge, realizado em Las Vegas, ocorreu uma intensa batalha entre bots pela supremacia. Sistemas automatizados foram instruídos a descobrir e explorar falhas de segurança no software das máquinas na competição, mantendo, ao mesmo tempo, seus próprios sistemas protegidos.[a]

O bot vencedor, chamado de Mayhem, de uma empresa derivada da Carnegie Mellon, chamada de ForAllSecure, derrotou os concorrentes empregando uma tática embasada na teoria dos jogos. Essencialmente, ele encontra as próprias falhas e depois executa uma análise de custo-benefício sobre se deve ou não corrigi-la imediatamente. (Aplicar uma correção exige que o sistema fique offline por alguns momentos.) Se um ataque parecesse improvável, ele seria capaz de permanecer mais tempo online, explorando as fraquezas em outros sistemas.

Embora os bots na competição tenham enfrentado alguns incidentes que indicaram que não estavam de fato prontos para brilhar, o consenso dos especialistas foi de que os sistemas tiveram um desempenho impressionante, em alguns casos encontraram e corrigiram bugs pré-implantados mais rápido do que um humano seria capaz. Todo esse cenário aponta para um mundo com ataques hackers automatizados, em que os humanos desempenham um papel definitivamente diferente, por exemplo, treinando bots ou garantindo que seus comportamentos não ultrapassem os limites legais ou éticos.

a. Cade Metz, "DARPA Goes Full *Tron* with Its Brand Battle of the Hack Bots", *Wired*, 5 de julho de 2016, https://www.wired.com/2016/07/_trashed-19/.

Diferentes empresas de segurança têm abordagens específicas para o problema. A SparkCognition, por exemplo, oferece um produto chamado Deep Armor, uma combinação de técnicas de IA, dentre elas: redes neurais, heurística, ciência de dados e processamento de linguagem natural, para detectar ameaças nunca vistas antes e remover os arquivos maliciosos. Outra empresa, chamada Darktrace, oferece um produto chamado Antigena, que modela o sistema imunológico humano, identificando e neutralizando vírus assim que os encontra.[7] A análise comportamental de tráfego de rede é o segredo de outra empresa chamada Vectra. Seu software, baseado em IA, aprende as assinaturas de comportamentos maliciosos de rede é capaz de implementar automaticamente as ações para conter o ataque ou encaminhar o problema para uma equipe de especialistas de segurança, que também pode decidir como lidar com ele.[8]

Reinventando os Processos em Torno de Pessoas

A tecnologia da IA promete transferir o fardo de tarefas tediosas e maçantes para softwares robôs, resultando em um ambiente de trabalho capaz de oferecer maior satisfação para os funcionários humanos. Esse é o "meio-campo ausente" da colaboração simbiótica entre humanos e máquinas de que tratamos na Introdução. É nele que as empresas podem gerar mais valor — mais do que com a automação — a partir de investimentos em tecnologias digitais avançadas.

Neste capítulo, vimos a parte da *liderança* do MELDH em ação quando um banco global foi capaz de reinventar seu processo para detecção de lavagem de dinheiro usando algoritmos de aprendizado de máquina a fim de reduzir o número de falsos positivos, de modo que os especialistas humanos pudessem se concentrar em casos mais complexos e suspeitos.

Imaginando um Futuro de Humanos + Máquinas... Hoje

Esse tipo de processo de negócio é altamente dependente de bons dados, e muitas empresas vêm descobrindo o poder de coletá-los de múltiplas fontes. No passado, a Virgin Trains só conseguia lidar com reclamações através de seu site, mas agora a empresa investiu na parte dos *dados* do MELDH, o que permitiu que implementasse uma aplicação de processamento de linguagem natural capaz de aceitar consultas de clientes a partir de uma variedade de canais, da mídia social inclusive. No entanto, conforme esses sistemas são implementados, os funcionários precisarão adaptar a forma como trabalham, e as empresas precisam dedicar recursos para a parte das *habilidades* do MELDH. Na Gigster, por exemplo, vimos como os assistentes IA conseguem automaticamente colocar um desenvolvedor de programa em contato com outros que enfrentam problemas similares, o que, por sua vez, agrega um enorme valor às habilidades de colaboração dos funcionários. Outra lição extraída deste capítulo foi que o caminho para a ocupação do meio-campo ausente leva tempo, pois requer, entre outras coisas, que as empresas troquem a RPA pela IA avançada, e essa transição exige experimentação. O banco sueco SEB prestou a devida atenção à parte da *experimentação* do MELDH e conduziu testes abrangentes de sua assistente virtual, Aida, com seus 1.500 funcionários antes de lançar o sistema para 1 milhão de clientes. E, finalmente, aprendemos sobre a importância da parte da *mentalidade* do MELDH quando vimos o potencial poder da IA de transformar um setor inteiro como a segurança de TI, com sistemas automatizados ajudando a descobrir malwares e a identificar vulnerabilidades para que possam ser enfrentados antes que o sistema seja invadido.

No Capítulo 3, veremos como essa zona comum também pode ser ampliada aos próprios processos de P&D. Nessa seara, assim como nas áreas administrativas e operacionais, empresas sagazes vêm colhendo as recompensas de colaborações inteligentes e complementares entre humanos e máquinas.

Tecnologias e Aplicações de IA: Como Isso Tudo Se Encaixa?

A seguir, fornecemos um glossário da miríade de tecnologias IA que você precisa conhecer hoje. Essas tecnologias correspondem às camadas de aprendizado de máquina, recursos e aplicações de IA da Figura 2-1.[a]

Componente de Aprendizado de Máquina

Aprendizado de Máquina. A área da ciência da computação que lida com algoritmos capazes de aprender e fazer predições em dados sem a necessidade de ser explicitamente programado. Ele se originou das pesquisas de Arthur Samuel, da IBM, que em 1959 cunhou o termo e utilizou princípios de AM em seu trabalho em jogos de computador. Graças à explosão da disponibilidade de dados para treinamento desses algoritmos, a AM é agora usada em áreas tão diversas e amplas quanto pesquisa baseada em visão, detecção de fraude, predição de preços, processamento de linguagem natural, entre outros.

Aprendizado supervisionado. Um tipo de AM em que um algoritmo recebe dados pré-classificados e ordenados (conhecidos como "dados rotulados"), que consistem em exemplos de entrada e resultados desejados. O objetivo do algoritmo é aprender as regras gerais que conectam as entradas e as saídas e usá-las para prever eventos futuros apenas com os dados de entrada.

a. Accenture Research; Jerry Kaplan, *Artificial Intelligence: What Everyone Needs to Know* (New York, Oxford University Press: 2016); e Wikipedia, s.v. "Artificial intelligence", em https://en.wikipedia.org/wiki/Artificial_intelligence.

FIGURA 2-1

A miríade de tecnologias e aplicações empresariais da IA

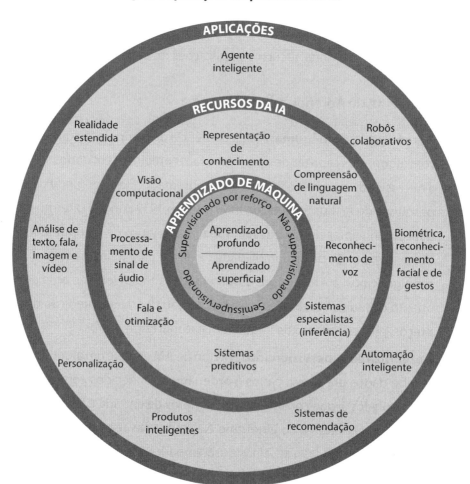

Aprendizado não supervisionado. Não são fornecidos rótulos para o algoritmo de aprendizado, ele deve encontrar as estruturas e padrões das entradas sozinho. O aprendizado não supervisionado pode ser o objetivo em si (descobrindo padrões ocultos nos dados) ou um meio para alcançar um fim (extrair padrões com os dados). É menos focado do que o aprendizado supervisionado na saída e se concentra mais em explorar os dados de entrada e inferir estruturas ocultas a partir dos dados não rotulados.

Aprendizado semissupervisionado. Usa tanto dados rotulados quanto não rotulados para treinamento — normalmente, mais dados não rotulados do que rotulados. Muitos pesquisadores de aprendizado de máquina descobriram que a combinação desses dois tipos de dados aumenta consideravelmente a precisão do aprendizado.

Aprendizado por reforço. Um tipo de treinamento em que um algoritmo recebe um objetivo específico, como operar um braço robótico ou jogar uma partida de Go. Cada movimento que o algoritmo faz para satisfazer esse objetivo é recompensado ou punido. O feedback permite ao algoritmo construir o caminho mais eficiente para alcançar o objetivo.

Rede neural. Um tipo de aprendizado de máquina em que um algoritmo, aprendendo a partir de dados observacionais, processa a informação de forma semelhante ao sistema nervoso biológico. Frank Rosenblatt, da Universidade de Cornell, inventou a primeira rede neural, chamada de Perceptron, uma arquitetura simples com uma única camada (também conhecida como rede superficial), em 1957.

Aprendizado profundo e seus subconjuntos: redes neurais profundas (RNP), redes neurais recorrentes (RNR) e redes neurais alimentadas adiante (RNAA). Um conjunto de técnicas para treinar uma rede neural multicamadas. Em uma RNP, os dados "sentidos" são processados através de múltiplas camadas; cada uma usa a saída da camada anterior como entrada. A RNR permite que os dados fluam para frente e para trás ao longo das camadas, diferente das RNAAs, em que os dados só podem fluir em um sentido.

Componentes dos Recursos de IA

Sistemas preditivos. Um sistema que descobre relações entre variáveis em conjuntos de dados históricos e seus resultados. As relações são usadas para desenvolver modelos, que, por sua vez, são usados para prever os resultados futuros.

Pesquisa local (otimização). Uma abordagem matemática para solução de problemas que usa uma cadeia de soluções possíveis. O algoritmo procura a solução ideal, começando por um ponto da cadeia e movendo-se de forma iterativa e sistemática para as soluções adjacentes até que encontre a ideal.

Representação de conhecimento. Uma área da inteligência artificial dedicada a representar informação sobre o mundo sob uma forma que um sistema computacional possa usar para processar tarefas complexas, tais como diagnosticar doenças ou conversar com uma pessoa.

Sistemas especialistas (inferência). Um sistema que usa o conhecimento de uma área específica (Medicina, Química, Direito) combinada com um sistema de regras que determinam como esse conhecimento é aplicado. O sistema é aprimorado conforme mais conhecimento é adicionado, quando as regras são atualizadas ou melhoradas.

Visão computacional. Uma área que se concentra em ensinar os computadores a identificar, classificar e entender o conteúdo dentro de imagens e vídeos, imitando e ampliando o que o sistema visual humano faz.

Processamento de sinal e áudio. Aprendizado de máquina que pode ser usado para analisar áudio e outros sinais digitais, especialmente em ambientes de alto ruído. As aplicações incluem discurso computacional, e processamento de áudio e audiovisual.

Reconhecimento de voz. Redes neurais que convertem sinais de áudio em texto em uma variedade de idiomas. As aplicações incluem tradução, comando e controle por voz, transcrição de áudio e muito mais.

Processamento de linguagem natural (PLN). Uma área em que os computadores processam linguagens humanas (naturais). As aplicações incluem reconhecimento de voz, tradução automática e análise de sentimentos.

Componente de Aplicações de IA

Agentes inteligentes. Agentes que interagem com humanos por meio de linguagem natural. Eles podem ser usados para aumentar a capacidade de funcionários humanos que trabalham no atendimento ao cliente, recursos humanos, treinamento e outras áreas de negócios para lidar com consultas do tipo Perguntas Frequentes.

Robôs colaborativos (cobots). Robôs que operam em velocidades menores com sensores instalados para permitir uma colaboração segura com os trabalhadores humanos.

Biométrica e reconhecimento facial e de gestos. Identifica pessoas, gestos ou tendências em medidas biométricas (estresse, atividade etc.) para fins de interação natural entre homem e máquina ou identificação e verificação.

Automação inteligente. Transfere algumas tarefas do homem para a máquina de modo a mudar fundamentalmente as maneiras tradicionais de operação. Através das habilidades e pontos fortes específicos das máquinas (velocidade, escalonamento e a habilidade de vencer a complexidade), essas ferramentas complementam o trabalho humano para expandir as possibilidades.

Sistemas de recomendação. Faz sugestões com base em padrões sutis detectados pelos algoritmos de IA ao longo do tempo. Podem ser aplicados com os consumidores para sugerir novos produtos ou usados internamente para gerar sugestões estratégicas.

Produtos inteligentes. A inteligência é incorporada em seu projeto para que eles possam evoluir para continuamente atender e antecipar as necessidades e preferências dos clientes.

Personalização. Analisa tendências e padrões para clientes e funcionários, a fim de otimizar ferramentas e produtos para usuários ou clientes individuais.

Reconhecimento de texto, voz, imagem e vídeo. Analisa dados de texto, voz, imagens e vídeos, e cria associações que podem ser usadas para escalonar atividades analíticas e permitir aplicações de alto nível relacionadas à interação e à visão.

Realidade estendida. Combina o poder da IA com a tecnologia de realidade virtual, aumentada ou mista para adicionar inteligência às atividades de treinamento, manutenção e outras.

3

A Máquina de Inovação Definitiva

IA em P&D e Inovação de Negócios

A fabricante de automóveis Tesla vem inovando de muitas maneiras. Obviamente, a empresa é mais conhecida por seus automóveis elegantes (e caros) — dentre eles o Tesla Roadster, o primeiro esportivo elétrico —, que atraíram tanto clientes quanto investidores. Na primavera de 2017, o valor de mercado da Tesla atingiu os US$50 bilhões, aproximando-se ao da General Motors.[1] Mas não são apenas os veículos elétricos estilosos e os preços em acensão de suas ações que são impressionantes; a Tesla tem também maneiras sagazes de conduzir suas pesquisas e desenvolvimento.

Em 2016, a Tesla anunciou que cada novo veículo seria equipado com todo o hardware de que precisa para dirigir de modo autônomo, incluindo um conjunto de sensores e um computador de bordo executando uma rede neural.[2] A surpresa: o software autônomo de IA não estará totalmente implementado. Ao que parece, a Tesla testará motoristas em simulações de software em segundo plano no computador do carro. Somente quando o programa rodando em segundo plano simular de maneira consistente manobras com mais segurança do que o motorista, o software autônomo estará pronto para a estreia. Nessa altura, a Tesla lançará o programa através de atualizações de software remotas. Isso tudo quer dizer que os motoristas da Tesla, em conjunto, ensinarão a frota de carros a dirigir.

A Tesla está treinando sua plataforma IA em uma ampla área de teste com os melhores dados disponíveis: seus próprios motoristas em situações reais. Nesse caso, as habilidades das pessoas para dirigir — em escala — são cruciais no treinamento do sistema. A IA permitiu que a Tesla repensasse seu processo elementar de P&D e, ao longo do caminho, acelerasse o desenvolvimento de seu sistema. Essa reconsideração de como ela conduz a P&D está levando a Tesla para a liderança em carros autônomos.

A Tesla não é a única a empregar a IA para repensar seus processos de P&D, usando tanto máquinas quanto pessoas de formas novas e inovadoras. Este capítulo explora as maneiras como a IA possibilita a experimentação dentro das empresas e como está sacudindo os processos de negócio, especialmente os que envolvem clientes, pacientes, médicos e outros que fornecem dados úteis.

Você verá como a IA está impulsionando o P&D nos setores farmacêuticos e de ciências da vida, ampliando a intuição dos pesquisadores e a capacidade de testar teorias, e acelerar o ciclo projeto/produto em ordem de magnitude. Graças à abundância de dados de clientes e pacientes, os processos tradicionais para pesquisa e desenvolvimento de produtos e serviços estão mudando. Onde antes alcançar o sucesso no mercado de massa era o principal motivador da empresa, a ultrapersonalização está se tornando cada vez mais uma abordagem crucial — e economicamente viável.

A Máquina de Inovação Definitiva

O Pesquisador Aprimorado: Como a Ciência Funciona na Era da IA

Antes de tudo, precisamos parar para entender alguns princípios básicos. O método científico talvez seja o processo amplamente implementado mais bem entendido no mundo. Ao longo de séculos, ele se transformou em uma série de passos distintos e reproduzíveis. Primeiro, pergunte e faça observações. Depois, vislumbre hipóteses. Em seguida, crie um experimento para testar as previsões baseadas nas hipóteses. A partir daí, então, obviamente é preciso executar testes e coletar dados. Por fim, desenvolva teorias generalizadas. Como um processo, o método científico pode ser visualizado de forma cíclica. Todos esses dados e teorias gerais levam a mais observação e pesquisas adicionais, reiniciando o ciclo mais uma vez.

Como os passos do método científico são bem nítidos, não é de surpreender que haja oportunidades para a inteligência artificial mudar o processo em si. Apesar de, até agora, as instituições e empresas de pesquisas envolvidas em ciência ainda não terem modificado completamente o modo de se fazer ciência, algumas já compactaram ou dividiram alguns passos científicos em particular. A seção a seguir trata das disrupções da IA em cada estágio do processo científico — considerando quais tarefas são mais bem executadas pelos humanos, quais, pelas máquinas e como ambos podem trabalhar juntos.

Oportunidades de Observação

Isaac Asimov defendia que "a expressão mais empolgante que se pode ouvir na ciência, aquela que pode render novas descobertas, não é 'Eureka!', mas sim 'Isso é estranho...'"[3] A fase de observação do processo científico é cheia de reviravoltas e caminhos inesperados. Enquanto

Imaginando um Futuro de Humanos + Máquinas... Hoje

cientistas estudam a última pesquisa, tropeçam em uma reação química inusitada ou, através de uma conversa auspiciosa com um colega, chegam a uma nova pergunta de pesquisa.

No entanto, agora pense em quanto é desafiadora a observação científica nesta era moderna; existem muitos estudos a serem considerados e muitos dados para ordenar. Em 2009, pesquisadores da Universidade de Ottawa notaram que o número total de artigos científicos publicados desde 1665 supera os 50 milhões, e mais de 2,5 milhões de novos artigos são publicados anualmente.[4] E esse número é somente de artigos. E quanto aos dados brutos — estruturados, não estruturados, catalogados, limpos, filtrados e analisados? Nossas vidas virtuais produzem impressionantes pilhas de dados todos os dias. Que tipo de observações poderiam ser feitas com isso tudo? Como podemos chegar ao ponto em que algo pareça "estranho" ou valha a pena explorar mais? (Veja o box "Aprendendo com o Fracasso".)

Enquanto os pesquisadores humanos são muito bons em produzir insights criativos, as máquinas são incontestavelmente melhores em lidar com organização e apresentação de dados, especialmente quando o volume de dados é muito grande. Uma empresa, chamada Quid, está usando IA para reinventar a parte de busca e localização do processo dos pesquisadores. A plataforma da Quid usa processamento de linguagem natural para gerar visualizações de dados a partir de grandes corpus de dados de texto — de patentes a novas descobertas — e classificá-los em redes de ideias. A interface da empresa, mais bem explorada em touchscreen, revela conceitos, agrupamentos e aglomerações de similaridade bem como conexões fortes e fracas entre ideias.

Shivon Zilis, uma investidora da Bloomberg Beta, usa a Quid em diversos aspectos de seu trabalho. Zilis é capaz de passar o dia todo desenvolvendo uma tese para a nova tendência de tecnologia emergente, buscando bons negócios ou ajudando a orientar o desenvolvimento de empresas em que investe.

Aprendendo com o Fracasso

Na Haverford College, na Pensilvânia, pesquisadores da área de Química usaram o aprendizado de máquina para obter insights de dados tanto dos experimentos fracassados quanto dos de sucesso. Especificamente, os pesquisadores consideraram quase 4 mil reações químicas geradoras de cristais registradas no laboratório ao longo de uma década, incluindo reações "obscuras" que foram tentadas, mas não deram certo. Depois que os dados foram ordenados — aproximadamente 300 propriedades foram atribuídas a cada reação —, um algoritmo de aprendizado de máquina foi usado para tentar fazer conexões entre as condições que levam o cristal a crescer.

O algoritmo foi capaz de prever os cristais em 89% dos casos, superando os pesquisadores, que, por sua vez, conseguiram o mesmo resultado em 78% dos casos (usando apenas intuição e experiência). Além disso, o algoritmo usou um modelo de árvore de decisão, o qual produziu um tipo de fluxograma ramificado de cada passo sucessivo, para que os pesquisadores inspecionassem a lógica de suas decisões. Graças a essa transparência, os pesquisadores usaram o experimento para formular novas hipóteses.[a]

a. Paul Raccuglia et al., "Machine-Learning-Assisted Materials Discovery Using Failed Experiments", *Nature*, 4 de maior de 2016, 73–76.

Sem uma ferramenta como a Quid, Zilis teria que contar com uma miscelânea de táticas para fazer sua pesquisa — por exemplo, pesquisando no Google usando uma variedade de termos de pesquisa ou lendo notícias de um número necessariamente limitado de fontes. Mas com

Quid, Zilis consegue visualizar tendências que emergem da análise de um conjunto mais completo de fontes de notícias. Ela pode perceber conexões entre as tecnologias que poderiam, de outra forma, ter permanecido ocultas. Além disso, a afinada intuição de pesquisa de Zilis é amplificada, o que lhe dá mais oportunidades de fazer novas perguntas adicionais e investigar tópicos incomuns à medida que ela detalha ou amplia a esfera das ideias consideradas. Essencialmente, a Quid oferece a um investidor uma plataforma para observação de um nível superior — as perguntas surgem mais rapidamente, e são mais sutis e incisivas —, e isso pode abrir as portas para caminhos inesperados de investigação, levando a uma hipótese mais inteligente.[5]

A Hipótese Inteligente e Automatizada

Depois da observação, os cientistas formulam hipóteses, essencialmente uma explicação sugerida — e testável — para um fenômeno. O que acontece no processo científico se as hipóteses podem ser geradas automaticamente? A GNS Healthcare, uma empresa de medicina de precisão, está explorando essa possibilidade. Seu poderoso software de aprendizado de máquina e simulação, *Reverse Engineering and Forward Simulation* ou REFS (Engenharia Reversa e Simulação Direta, em tradução livre), é capaz de gerar hipóteses diretamente dos dados para encontrar relacionamentos nos prontuários médicos dos pacientes. Em um exemplo, a GNS conseguiu recriar em três meses os resultados de um estudo de dois anos sobre interações medicamentosas.

O estudo envolveu encontrar reações adversas entre combinações de drogas em idosos que usavam o Medicare. As combinações nocivas de medicamentos são um grande problema sem uma solução padrão: as combinações não são testadas nos procedimentos do FDA, a agência norte-americana que regula drogas e alimentos, portanto, não há uma maneira fácil de ver quais deles são perigosos quando combinados. Historicamente, os pesquisadores podem ter confiado na intuição científica para perceber que as drogas que operam através de vias enzimáticas semelhantes podem interagir negativamente com outras drogas de maneira parecida. Em seguida, os pesquisadores devem ter desenvolvido a hipótese — por exemplo, o medicamento A mais o medicamento B está levando ao evento adverso C — e, é claro, eles a testariam. Usando tal abordagem, os pesquisadores teriam descoberto que duas drogas comumente receitadas para idosos interagem mal, mas o estudo levou dois anos para se desenvolver e confirmou apenas a hipótese limitada sobre a interação entre essas duas drogas.

Em um teste do sistema REFS, a GNS avaliou dados anônimos de cerca de 200 mil pacientes e uma grande variedade de medicamentos no mercado. Os dados em si foram criptografados, diz o presidente, cofundador e CEO da GNS, Colin Hill. "Não sabíamos quais eram as drogas. Não havia como trapacear."[6] A plataforma de aprendizado de máquina produziu aproximadamente 45 quatrilhões de hipóteses, e, após apenas três meses, a combinação de drogas com maior probabilidade de levar a interações problemáticas surgiu como resultado final.

Hill diz que as pessoas de sua equipe não sabiam se seus resultados estavam corretos ou não, elas simplesmente os entregavam aos pesquisadores que estudavam as interações medicamentosas. Como se viu, o REFS de fato descobriu a interação medicamentosa que levou dois anos para ser confirmada. Mas também fez outra coisa: também descobriu uma interação medicamentosa que só havia sido discutida entre os pacientes, mas não foi formalmente estudada. Os pesquisadores puderam examinar os próprios dados observacionais sobre esses medicamentos a partir de um ano antes e então examinar os registros para ver quais eram as interações depois de um ano. Lá, em seus próprios registros, estava a validação de uma conexão causal, escondida à vista de todos.

Imaginando um Futuro de Humanos + Máquinas... Hoje

"Foi a primeira vez que tomei conhecimento de que essas máquinas descobriram novos conhecimentos médicos", diz Hill. "Direto dos dados. Nenhum humano se envolveu nessa descoberta."[7]

A GNS Healthcare está mostrando que é possível, quando a IA é inserida na fase de hipóteses do método científico, encontrar correlações e causalidade previamente ocultas. Além disso, o uso da tecnologia pode resultar em uma redução drástica de custos. Em um recente sucesso, a GNS conseguiu aplicar engenharia reversa — sem usar uma hipótese ou suposições preexistentes — na PCSK9, uma classe de droga que reduz o colesterol ruim na corrente sanguínea. Os estudos que levaram à descoberta da PCSK9 consumiram 70 anos e dezenas de bilhões de dólares ao longo de décadas. Mas, usando somente os dados iniciais, os modelos de aprendizado de máquina da GNS foram capazes de recriar toda a biologia conhecida do LDL em menos de 10 meses por menos de 1 milhão de dólares.

Ampliando o Espaço do Design

Depois da hipótese vêm os testes. Para muitas empresas, esse estágio está intimamente ligado ao design de produtos. Aqui, as empresas podem usar inteligência artificial e grandes volumes de dados para definir uma miríade de alternativas, e, em seguida, restringir o escopo de seu experimento para selecionar os candidatos mais prováveis. É uma história recorrente: a IA ajuda as organizações a redirecionar recursos — e, mais fundamentalmente, os recursos humanos — para as atividades de maior valor.

Vejamos o exemplo da Nike, que recentemente recorreu à IA para explorar o problema específico de obter melhores cravos para velocistas. O desafio: uma prancha rígida é melhor — dando aos corredores algo sólido para empurrar e ganhar impulso —, mas a maneira mais comum de obter rigidez é usar materiais mais pesados. Infelizmente, materiais pesados prejudicam o desempenho do velocista.

Com a ajuda do algorítimo do software de design da empresa, os designers da Nike otimizaram tanto a rigidez quanto a leveza, concebendo um calçado desde o início. Designers humanos, por si só, provavelmente partiriam de calçados existentes e iterariam até encontrar algo que fosse satisfatório, mas o resultado não seria tão otimizado. No final, a empresa conseguiu imprimir vários protótipos em 3D e testá-los, repetindo o ciclo até encontrar o design pioneiro. O calçado final pode reduzir um décimo de segundo do tempo do velocista, o que pode ser a diferença entre o primeiro e o quarto lugar. A rápida prototipagem de projetos de calçados da Nike indica a maneira com que a IA age como disruptora da próxima fase do processo científico. Algoritmos de IA estão reduzindo o tempo de duração dos testes.[8] (Para conhecer mais exemplos de IA em design de produtos, veja o box "IA em Design de Produtos e Serviços".)

Testadores Mais Rápidos

Muitos pesquisadores acham que a parte mais odiada de seu trabalho é de fato executar uma experiência e coletar os dados. As outras partes do processo de P&D — a fase da descoberta e de fazer perguntas — são as que proporcionam a maior satisfação. É um alívio, então, perceber que maravilha é a inteligência artificial para o teste experimental. Aqui vemos outra história recorrente: a IA pode eliminar o tédio e permitir que os profissionais ignorem o trabalho penoso, e passem mais tempo criando novos experimentos, por exemplo, ou fazendo perguntas inesperadas. O benefício comercial é evidente: trazer mais produtos de alta qualidade para o mercado com mais rapidez.

IA em Design de Produtos e Serviços

A internet, com todos os dados de clientes que coleta e com toda a comunicação que promove, tem sido responsável por uma mudança de fase na maneira como as empresas melhoram seus produtos e serviços. A IA agora possibilita uma análise ainda mais rápida das preferências do cliente, permitindo experiências individualizadas e personalizáveis.

- A IntelligentX Brewing Company anuncia seus produtos como a primeira cerveja fabricada por IA. Ela traduz o feedback de seus clientes, direcionado através do Facebook Messenger, em ajustes na receita, que afetam a composição da bebida ao longo do tempo.[a]

- A Lenovo usa ferramentas de mineração de texto para ouvir os problemas expressados por seus clientes em todo o mundo. Os insights das discussões sobre esses problemas alimentam as melhorias de produtos e serviços.[b]

- A Las Vegas Sands Corp. usa IA para modelar diferentes layouts de estações de jogos para otimizar o desempenho financeiro final de seus cassinos. Ao monitorar o quanto os diferentes layouts afetam os lucros, a empresa obtém insights contínuos que embasam futuras reformas.[c]

a. Billy Steele, "AI Is Being Used to Brew Beer in the UK", *Engadget*, 7 de julho de 2016, https://www.engadget.com/2016/07/07/intelligentx-brewing-beer-with-ai/.

b. Rebecca Merrett, "How Lenovo Uses Text Analytics for Product Quality and Design", *CIO*, 2 de setembro de 2015, https://www.cio.com.au/article/583657/how-lenovo-uses-text-analytics-product-quality-design/.

c. Ed Burns, "Analytical Technologies Are Game Changer for Casino Company", *SearchBusinessAnalytics*, outubro de 2014, http://searchbusinessanalytics.tech target.com/feature/Analytical-technologies-are-game-changer-for-casino-company.

Embora os ambientes experimentais de hoje pareçam, de algumas maneiras fundamentais, similares aos laboratórios de décadas atrás — ratos em gaiolas, placas de Petri em incubadoras, sistemas de titulação e assim por diante —, muitas áreas da ciência estão se movendo de forma mais completa para o "Vale do Silício". Ou seja, são capazes de simular experimentos dentro de computadores. No Capítulo 1, descrevemos o software Predix, da GE, que executa experimentos virtuais com versões digitais de maquinários de fábrica. Mas a realidade é que você não precisa do Predix para criar um modelo de seus processos e executar testes. Você só precisa ter uma sólida compreensão das etapas do processo e limpar os dados que podem ser usados para desenvolver um modelo.

Tudo, desde serviços financeiros e produtos de seguros até a fabricação de cerveja e a química do creme de barbear, pode ser descrito digitalmente. E, depois que isso ocorre, pode ser otimizado. Tradicionalmente, os algoritmos de otimização eram confinados à academia ou usados apenas por especialistas. No entanto, uma startup chamada SigOpt percebeu que o aprendizado de máquina poderia transformar qualquer modelo digital em um problema de otimização facilmente resolvido, na essência, democratizando essa poderosa ferramenta computacional para as massas.

"Você não precisa ser um especialista em otimização bayesiana para aplicar esses tipos de técnicas", diz Scott Clark, CEO da SigOpt. O objetivo da empresa é livrar os especialistas de cada assunto de terem que perder tempo ajustando sistemas digitais, tentando encontrar os melhores cenários possíveis. Em vez disso, quer capacitá-los a experimentar mais.

"Um químico que está realmente produzindo em sua bancada de laboratório pode simplesmente usar a interface do SigOpt em seu notebook ou telefone", explica Clark. O software, então, informaria ao químico: "Este é o próximo experimento a ser conduzido." Ou pode notar que um certo experimento teve resultados particularmente bons. "Ele orienta os pesquisadores pelo processo da maneira mais fácil possível, para que eles não precisem ter nenhum conhecimento interno do sistema", diz Clark. "Eles simplesmente extraem os melhores resultados."[9] Em outras palavras, uma das principais tarefas do cientista — testar ideias — é amplificada pelas ferramentas da SigOpt.

Entrega Personalizada: Teoria e Prática

Após testar, os cientistas desenvolvem suas teorias gerais e iniciam o processo, começando com a observação, tudo de novo. Nos negócios, após os testes e a otimização, vêm a comercialização e a entrega do produto.

Muitas tendências, incluindo a crescente disponibilidade de dados de clientes, estão levando a um novo nível de personalização e entrega de produtos. Como vimos no Capítulo 1, a IA está tornando mais econômico o uso de consumíveis personalizados, como carros. No Capítulo 2, vimos como a IA é capaz de transformar as interações rotineiras de back office em serviços mais personalizados que melhoram a experiência do usuário. A IA também está operando nos departamentos de P&D responsáveis por essas mudanças na personalização de massa. (Para uma breve discussão sobre o equilíbrio entre personalização e privacidade, veja o box "IA Responsável: A Ética como Precursora da Descoberta".)

Veja, por exemplo, o setor de saúde. A IA está agora possibilitando a era da "medicina personalizada" baseada em testes genéticos. No passado, era praticamente impossível analisar e administrar manualmente todas as combinações possíveis de tratamentos para cada paciente. Hoje, os sistemas inteligentes estão assumindo esse trabalho. Dentro de algumas décadas (ou antes), parecerá absurdo que os médicos prescrevessem o mesmo tratamento a uma ampla faixa de seus pacientes. Todos os tratamentos serão personalizados.

IA Responsável: A Ética como Precursora da Descoberta

Uma parte significativa da pesquisa é conduzida usando seres humanos. Para proteger esses indivíduos, muitas organizações criaram comitês de revisão institucionais (IRBs): comitês que aprovam, monitoram e revisam pesquisas conduzidas em pessoas. Embora os IRBs sejam necessários em todas as pesquisas afiliadas a universidades nos Estados Unidos, eles são praticamente inexistentes no mundo comercial. Mas algumas empresas, incluindo o Facebook, assumiram o compromisso de desenvolver os próprios conjuntos de regras sobre seus comitês de ética em pesquisa.[a] Essas regras são emprestadas de protocolos comuns do IRB, mas podem diferir em termos de transparência e afiliações de pessoas autorizadas a servir nos comitês.

Porém, o que torna tudo isso ainda mais desafiador é que, com exceção da indústria farmacêutica, não há um protocolo padrão para determinar qual produto de nova tecnologia é um estudo de pesquisa envolvendo humanos ou como exatamente uma empresa deve proceder durante os testes e o desenvolvimento de um produto. Claramente, há uma variedade de áreas

a. Mike Orcutt, "Facebook's Rules for Experimenting on You", *MIT Technology Review*, 15 de junho de 2016, https://www.technologyreview.com/s/601696/facebooks-rules-for-experimenting-on-you/.

éticas delicadas quando se trata de implementação de tecnologia em geral e de IA em particular. O próprio Facebook levantou muitas preocupações éticas quando, em um experimento, a empresa manipulou o que as pessoas viam em seus feeds, aumentando o número de postagens positivas ou negativas — para ver como isso afetaria seu humor. Isso levou um colunista da *Forbes* a perguntar: "Então, está tudo bem para o Facebook jogar jogos mentais conosco em nome da ciência?"[b]

Na Parte 2, exploramos várias questões relacionadas à ética do uso da IA em P&D e outras áreas. No Capítulo 5, vemos como algumas empresas estão adicionando novas funções, como a do *gerente de conformidade ética*, que será o cão de guarda e *ombudsman* oficial para garantir que a organização siga valores geralmente aceitos e morais.

b. Kashmir Hill, "Facebook Manipulated 689,003 Users' Emotions for Science", *Forbes*, 28 de junho de 2014, https://www.forbes.com/sites/kashmirhill/2014/06/28 /facebook-manipulated-689003-users-emotions-for-science/.

Nessa linha, a GNS, a empresa de análise, vem processando enormes quantidades de dados para combinar medicamentos específicos e intervenções não medicamentosas a pacientes individuais. Combinando melhor as drogas para indivíduos diferentes, a empresa pode aprimorar os resultados, baixar os custos e economizar centenas de bilhões de dólares, de acordo com seu cofundador, Colin Hill. Agora que tantos dados sobre os genomas individuais dos pacientes e a capacidade de resposta a vários compostos químicos estão disponíveis, simplesmente não faz sentido implementar tratamentos iguais para todos. Tratamentos individualizados poderiam resolver um problema especialmente crítico em ensaios clínicos, dos quais mais de 80% falham devido a algum nível de descompasso entre paciente e medicamento.[10]

O Fator de Risco da P&D

O uso da IA nos diferentes estágios de P&D — observações, geração de hipóteses, projeto de experimentos e assim por diante — está rendendo benefícios excepcionais em todos os níveis e em várias áreas. As descobertas feitas ao longo de uma década estão sendo reproduzidas, sem qualquer orientação, em questão de meses, resultando em economia de tempo e recursos. Isso levou a uma reinvenção fundamental do modo como as empresas gerenciam suas atividades de P & D.

No passado, em muitas empresas, a maioria dos projetos de P&D não se concretizou, significando perdas de dezenas de milhões de dólares ou mais a cada ano. O resultado foi que as empresas tendiam a evitar o risco, sendo menos propensas a financiar projetos de pesquisa básica. Mas, quando você adiciona IA ao processo de P&D, acelera a descoberta de alguns projetos e melhora a taxa de sucesso de outros. Mais dinheiro pode ser liberado para as iniciativas de pesquisa mais arriscadas e potencialmente mais lucrativas ou inovadoras.

A indústria farmacêutica é um exemplo disso. Tradicionalmente, a descoberta de medicamentos começou com os químicos farmacêuticos, pessoas com experiência em olhar para um problema farmacêutico e encontrar moléculas para combinar. "Infelizmente, eles só podem testar talvez 1% dessas ideias", explica Brandon Allgood, diretor de tecnologia e cofundador da Numerate. "Eles têm que passar por um sistema de triagem de ideias que acham que podem ser experimentadas. Muito desse sistema é subjetivo. E muito é baseado em regras gerais."[11]

IA em Assistência Médica e Ciências da Vida

No setor de saúde, a IA permite que cientistas e médicos se concentrem em trabalhos de alto valor para melhorar a vida dos pacientes.

- A Berg Health usa IA para analisar dados de pacientes e criar um "mapa molecular", que determina a probabilidade de pacientes com câncer de pâncreas responderem positivamente à fase dois do tratamento da Berg.[a]

- Pesquisadores do Hospital Infantil de Cincinnati estão usando o aprendizado de máquina para obter uma melhor predição da participação do paciente em ensaios clínicos. A taxa de participação atual é de cerca de 60%, mas eles esperam usar a inteligência artificial para aumentá-la para 72%.[b]

- A Johnson & Johnson está treinando o Watson, da IBM, para ler e analisar rapidamente a literatura científica a fim de economizar o tempo dos cientistas no processo de descoberta de medicamentos.[c]

a. Meghana Keshavan, "Berg: Using Artificial Intelligence for Drug Discovery", *MedCity News*, 21 de julho de 2015, https://medcitynews.com/2015/07/berg-artifi cial-intelligence/.

b. "Scientists Teaching Machines to Make Clinical Trials More Successful", Cincinnati Children's press release, 27 de abril de 2016, https://www.cincinnatichild rens.org/news/release/2016/clinical-trials-recruitment-4-27-2016.

c. "IBM Watson Ushers in a New Era of Data-Driven Discoveries", IBM press release, 28 de agosto de 2014, https://www-03.ibm.com/press/us/en/pressre lease/44697.wss.

A Numerate implanta o aprendizado de máquina para identificar compostos com a maior probabilidade de sucesso contra alvos específicos de doenças. Usando essa tecnologia, os pesquisadores conseguiram desenvolver um melhor remédio contra o HIV em 6 meses, em vez dos 10 anos e US$20 milhões gastos para desenvolver o atual medicamento contra ele. "Nosso aprendizado de máquina permite que os pesquisadores codifiquem as ideias realmente boas para ajudá-los a pesquisar um bilhão de moléculas e fazer apenas 100 ou 200", diz Allgood. "Isso possibilita que eles explorem muitas ideias que sequer teriam — as quais eu chamaria de ideias 'excêntricas' — e sejam capazes de testá-las agora, porque é possível... Isso permite que sejam mais criativos e pensem de modo mais abrangente e experimentem diferentes ideias."[12] (Para ler mais sobre exemplos da utilização de IA em P&D na área de saúde, veja o box "IA em Assistência Médica e Ciências da Vida".)

P&D Mais Sagaz com Sistemas Inteligentes

Em cada etapa do processo de P&D, a IA está proporcionando aos pesquisadores e desenvolvedores de produtos um impulso notável. Ela está mudando a forma como as pessoas pensam ao conceber seus experimentos, libertando-as para explorar caminhos que antes poderiam estar fora dos limites, porque exigiriam muito tempo e dinheiro. Neste capítulo, vimos como uma empresa como a Tesla está usando IA para repensar a maneira como desenvolve e testa uma futura geração de veículos sem motoristas — a parte da *experimentação* do MELDH. A IA também está capacitando pesquisadores para minerar os *dados* de testes anteriores para descobrir novos insights e realizar experimentos virtuais para testar qualquer hipótese mais rapidamente. Tudo isso, no entanto, requer uma mudança nas *habilidades* exigidas do funcionário, o H no MELDH. Por exemplo, quando os desenvolvedores de produtos conseguem executar uma simulação digital para testar um novo projeto, que os isente dos custos, do tempo e do tédio de ter que construir um protótipo físico, eles têm que se tornar melhores em conceber produtos mais inovadores. Graças à IA, esse tipo de mudança fundamental na *mentalidade* — perseguir ideias que inicialmente possam parecer não tão promissoras, mas capazes de levar a um avanço — já está ocorrendo na indústria farmacêutica. No entanto, à medida que as empresas implementam cada vez mais ferramentas de inteligência artificial para reinventar seus processos de P&D, os *líderes* (o L do MELDH) precisam estar sempre atentos às questões éticas envolvidas, especialmente quando os objetos de estudo são humanos.

O próximo capítulo passa da P&D para a área de marketing e vendas. Nele, descobriremos que o impacto da IA tem sido tão grande — se não maior — quanto o das tecnologias de aprendizado de máquina, como a Siri, da Apple, e a Alexa, da Amazon, que vêm se tornando cada vez mais a personificação digital das conhecidas marcas dessas empresas.

4

Diga Olá para Seus Novos Bots de Front Office

IA em Atendimento ao Cliente, Vendas e Marketing

A Coca-Cola, a gigante do mercado de bebidas, opera um vasto exército de 16 milhões de refrigeradores que mantêm seus refrigerantes gelados em lojas de varejo do mundo todo.[1] Esse "exército" exige que milhares de funcionários visitem esses locais e manualmente gerenciem o estoque de produtos da marca nesses estabelecimentos. Recentemente, a empresa começou a testar um projeto de prova de conceito usando IA para gerenciar os refrigeradores. O projeto exige a implementação de um novo recurso de IA de gestão de relacionamento com o cliente (CRM), o Einstein, da Salesforce, que usa tecnologias de visão computacional, aprendizado profundo e processamento de linguagem natural.

Usando um aplicativo habilitado com o Einstein, que está sendo testado por alguns selecionados revendedores de produtos Coca-Cola, um funcionário local faz uma fotografia do refrigerador usando o celular, e o serviço de reconhecimento de imagem do Einstein analisa a foto identificando e contando as diferentes garrafas de Coca-Cola existentes. Então, o Einstein prevê e recomenda um pedido de reposição de estoque, usando os dados de CRM e outras informações, incluindo previsões do tempo, ofertas promocionais, níveis de inventário e dados históricos para considerar flutuações sazonais e diversos outros fatores. A automação da contagem e do pedido de reabastecimento pode economizar tempo e trabalho administrativo aos funcionários, e a inteligência acrescentada ao sistema tem o potencial de aumentar as vendas e melhorar a satisfação do cliente.

No front office, a IA está pronta para ajudar empresas como a Coca-Cola a melhorarem as experiências e os resultados de todas as interações cruciais com o cliente, incluindo as provenientes das três funções principais: vendas, marketing e atendimento ao cliente. Nessas áreas, a IA vem tanto automatizando as tarefas dos funcionários quanto ampliando as habilidades dos próprios trabalhadores. Já vimos, por exemplo, como os agentes de IA, como a Alexa, da Amazon, e outros sistemas que automatizam as interações com os clientes, agora permitem que os funcionários lidem com tarefas mais complicadas e possibilitam a realocação de funcionários para áreas em que as habilidades humanas são mais importantes.

Essas mudanças estão também afetando significativamente a relação dos clientes com empresas e marcas. Em muitos casos, isso pode poupar tempo e esforço dos clientes e ajudar a proporcionar experiências e produtos personalizados — reduzindo grande parte de propaganda (desperdiçada) —, uma importante e crescente tendência no varejo. Em outros casos, como no empréstimo virtual — que usa IA para analisar coleções vastas e variadas de dados —, os clientes que podem ter sido recusados pela checagem de crédito tradicional podem de repente obter acesso muito mais fácil ao empréstimo e ao crédito.

E, finalmente, essas mudanças certamente afetarão o relacionamento que clientes e marcas têm com os produtos em si. Como os itens consumíveis produzem mais dados sobre seu desempenho e os enviam de

Diga Olá para Seus Novos Bots de Front Office

volta para o fabricante, as empresas podem começar a pensar de modo diferente sobre o suporte ao produto e nos produtos em si. A iluminação inteligente da Philips, por exemplo, usa IA para prever quando as lâmpadas perderão sua eficiência, o que se conecta ao serviço de reciclagem e substituição da empresa. Resumindo, dados de sensores e IA agora possibilitam que a empresa venda "iluminação como serviço", em vez de apenas lâmpadas.[2]

De fato, estamos vivendo uma época impressionante. Mas, conforme a IA se insere no front office, surgem novas questões sobre melhores práticas. Como a IA e as novas formas de interação entre humanos e máquinas modificam a maneira como as empresas entregam bens e serviços? Como essas interações estão moldando o futuro do trabalho? Como novas interfaces de usuários, como a Alexa, modificam as relações entre as marcas das empresas e seus clientes? Que escolhas de projeto um bot de linguagem natural pode fazer? E o que acontece quando logos e mascotes — os tradicionais embaixadores da marca — se tornam inteligentes? Essas perguntas são a essência deste capítulo.

Lojas Sensíveis ao Cliente

Para começar a responder a essas perguntas, vamos voltar para o cenário do varejo. Enquanto a Coca-Cola vem experimentando o uso de IA para automatizar seu processo de reposição de produtos, outras empresas se concentram mais em melhorar a experiência do cliente *amplificando* o trabalho da equipe de vendas. Tomemos como exemplo a grife mundial de roupas Ralph Lauren, que desenvolveu, em parceria com a Oak Labs, uma startup de San Francisco, uma experiência de compra integrada para os clientes.[3] Uma parte essencial da tecnologia é o provador conectado, equipado com um espelho inteligente que conta com RFID* [Identificação por Radiofrequência] para reconhecer automaticamente os itens que o consumidor leva até o provador.

O espelho, que é capaz de traduzir seis idiomas, então exibe os detalhes sobre o item. Ele também pode modificar a iluminação (luz natural intensa, pôr do sol, ambiente fechado, entre outros) para que os clientes visualizem a roupa em diferentes cenários. E o espelho pode indicar se o item está disponível em outras cores e tamanhos, que então são levados por um vendedor até o provador. Esse último recurso é o tipo de atendimento personalizado ao cliente que um vendedor, assoberbado por estar atendendo a muitos clientes ao mesmo tempo, normalmente não é capaz de oferecer.

Obviamente, o espelho inteligente também coleta dados sobre o cliente — a duração da sessão no provador, a taxa de conversão (itens comprados versus itens experimentados) e outras informações — que a loja pode então analisar em conjunto para obter insights valiosos. Por exemplo, os clientes levam determinado item ao provador com frequência, mas raramente o compram, isso indica à loja para rever futuras compras daquele item. E, mais adiante, esse tipo de dados de clientes e outras informações sobre seu comportamento podem ser usados para projetar as lojas de novas formas. Imagine ser capaz de processar uma variedade de modelos de dados de clientes através de softwares de design, otimizando o layout da loja para satisfazer o cliente, aumentar as visitas ou a compra de determinados itens.

Um varejista também pode usar IA para lidar com questões operacionais, como o quadro de funcionários. Uma marca global de roupas japonesa vem trabalhando para otimizar a equipe de vendas em atendimento. Em lojas de roupas e calçados, os vendedores são essenciais: cerca de 70% dos clientes entrevistados relataram desejar recomendações da

---

* Em inglês, RFID: Radio-Frequency Identification.

Diga Olá para Seus Novos Bots de Front Office

equipe da loja.[4] Assim, para tomar decisões melhores em relação à equipe, a marca resolveu usar um sistema de uma empresa de IA chamado Percolata.

O software desenvolveu um cronograma de trabalho ideal, dividido em unidades de 15 minutos, para as lojas e sugeriu a combinação mais eficiente de vendedores a cada momento. A automação eliminou a tendência por vezes não intencional dos gerentes em escalar os funcionários "favoritos" com mais frequência, mesmo que eles não contribuam para o sucesso geral da equipe de vendas. Na implementação inicial do sistema em 20 localidades nos Estados Unidos, a empresa descobriu que suas lojas tinham funcionários em excesso em 53% do tempo e carência em 33% do tempo, e as recomendações de escala de trabalho da Percolata aumentaram as vendas da rede de lojas japonesas entre 10% a 30%.[5] Além disso, estima-se que o sistema da Percolata poupe os gerentes de 3 horas diárias que antes eram usadas para lidar com as escalas, e possibilita aos vendedores maior flexibilidade em seus horários.

Uma inovação na Europa está expandindo os limites do varejo em outras direções. A Almax, uma empresa italiana, desenvolveu um manequim com tecnologia de visão computacional e reconhecimento facial.[6] O sistema de IA é capaz de identificar as pessoas por gênero, idade aproximada e etnia. Butiques e marcas de grifes como a Benetton utilizam os manequins *high tech* para saber mais sobre seus clientes. Um outlet de varejo, por exemplo, descobriu que homens que compravam durante os primeiros dias de uma liquidação tendiam a gastar mais do que as mulheres, o que fez com que a loja mudasse suas vitrines de acordo. Outra loja relatou descobrir que consumidores chineses constituíam um terço de sua clientela que utilizava uma determinada entrada depois das 16 horas, assim, funcionários fluentes em chinês foram alocados para lá durante esses horários.

No futuro, varejistas poderão usar a tecnologia de IA para oferecer personalização aos clientes — um manequim ou espelho que reconhece

Imaginando um Futuro de Humanos + Máquinas... Hoje

um cliente pode acessar o histórico de compras e ajudar um vendedor humano a sugerir artigos de vestuário de que ele possa gostar. Esses avanços serão típicos da colaboração e da amplificação entre humanos e máquinas descritas no capítulo introdutório, com a tecnologia IA fazendo o que faz melhor (filtrando e processando dados gigantescos para recomendar certas ações), e os humanos, o que fazem melhor (exercendo seu julgamento e habilidades sociais para ajudar os clientes a comprarem produtos que melhor se adequem às suas necessidades). Além do mais, conforme os sistemas de IA se tornam mais avançados, eles serão capazes de analisar a expressão facial e tom de voz de um cliente para determinar seu estado emocional, e depois responder de maneira apropriada. No Capítulo 5, vemos como algumas aplicações avançadas de IA estão sendo treinadas para ser mais empáticas. (Para conhecer mais exemplos de como os varejistas estão tirando proveito da IA para personalizar a experiência de compras online e em suas lojas físicas, veja o box "IA em Vendas de Varejo".)

Entretanto, à medida que esses avanços tecnológicos continuam a expandir as fronteiras do varejo, provavelmente levantarão questões éticas e de privacidade. A Almax, por exemplo, vem trabalhando para aumentar a capacidade de audição de seus manequins, provocando preocupação de que eles possam monitorar os clientes captando suas reações às roupas expostas. No Capítulo 5, tratamos de como as empresas que empregam essas tecnologias de ponta precisarão de funcionários humanos para avaliar e lidar com as questões éticas que provavelmente surgirão.

IA para Supervendedores

A IA não apenas ajuda os vendedores na hora da venda, ela também os empodera sempre que eles interagem com clientes. Desde enviar automaticamente e-mails redigidos com perfeição por meio de um assistente virtual até organizar de forma rápida e inteligente os dados de venda, a IA está resolvendo um dos principais elementos consumidores de tempo das equipes de vendas. Além disso, conforme os setores de vendas e de marketing se tornam cada vez mais digitais, as pessoas acabam perdendo o contato pessoal que atraiu muitas delas a trabalhar nessa área. A IA proporciona às equipes de vendas e de marketing o tempo e os insights para superar o alto volume e a aridez das interações digitais, permitindo que as pessoas sejam mais humanas.

Uma startup chamada 6sense, por exemplo, oferece um software que processa enormes quantidades de dados para ajudar um vendedor a enviar um e-mail para um potencial cliente no momento certo. Através da análise dos clientes que visitam o site da contratante — bem como dados de terceiros de uma variedade de fontes públicas disponíveis, incluindo mídia social —, a 6sense é capaz de descobrir todos os interesses e avaliar se e quando um cliente pode estar pronto para comprar e até evitar as objeções no processo de vendas. Enquanto, no passado, um vendedor precisaria garimpar oportunidades de vendas com base em dicas físicas e sociais pelo telefone ou pessoalmente, a 6sense está devolvendo aos vendedores algumas das habilidades que as interações socialmente mais obtusas, como o uso excessivo de e-mail, enfraqueceu.[7]

IA em Vendas de Varejo

Estudos recentes desmentem o temido fim das lojas físicas em razão das virtuais. Agora, com a IA, ambos os canais podem personalizar melhor a experiência de compra.

- O "Lowebot", da Lowe, é um robô físico que circula pela loja em 11 estabelecimentos na área de São Francisco, respondendo perguntas dos clientes e checando os níveis do estoque nas prateleiras.[a]

- A H&M, em parceria com a popular plataforma de conversação Kik, desenvolveu uma extensão de bot que, com base em um breve questionário, sugere itens de vestuário e com o tempo aprende as preferências de estilo.[b]

- O Kraft Phone Assistant oferece "receitas do dia" e identifica os ingredientes e onde comprá-los. Ao longo do tempo, ele aprende as preferências do usuário, como as lojas favoritas e o número de pessoas na família, para refinar suas recomendações.[c]

a. Harriet Taylor, "Lowe's Introduces LoweBot, a New Autonomous In-Store Robot", *CNBC*, 30 de agosto de 2016, https://www.cnbc.com/2016/08/30/lowes-introduces-lowebot-a-new-autonomous-in-store-robot.html.

b. "H&M, Kik App Review", *TopBot*, https://www.topbots.com/project/hm-kik-bot-review/.

c. Domenick Celetano, "Kraft Foods iPhone Assistant Appeals to Time Starved Consumers", *The Balance*, 18 de setembro de 2016, https://www.thebalance.com/kraft-iphone-assistant-1326248.

Sua Amiga, a Marca

Algumas das maiores mudanças no front office estão acontecendo por meio das ferramentas online e interfaces habilitadas com IA. Pense na facilidade com que os clientes da Amazon compram uma ampla variedade de itens de consumo, graças a sistemas de recomendação de produtos aprimorados por IA e a "Alexa" (a assistente pessoal robô), que é acionada via "Echo" (o alto-falante inteligente sem fio acionado por voz).

Sistemas de IA similares àqueles projetados para funções como atendimento ao cliente estão agora começando a desempenhar um papel muito maior na geração de receita, tradicionalmente um objetivo de front office, e a tranquilidade da experiência de compra passou a ser um fator essencial para os clientes. Em um estudo, 98% dos clientes online declararam que provavelmente ou muito provavelmente fariam outra compra se tivessem uma boa experiência.[8]

Quando a IA desempenha a função de interação com o cliente, o software pode se transformar na principal distinção entre a empresa e seus concorrentes. Nesses cenários, a IA deixa de ser simplesmente uma ferramenta tecnológica; ela se torna o rosto da marca, assim como a Alexa é agora o rosto da marca da Amazon.

O que as marcas têm de tão importante? Durante o século XXI, conforme as empresas conquistaram proeminência, e a propaganda passou a ser uma indústria em si mesma, a marca empresarial ganhou importância. Assim surgiram os mascotes, como o tigre falante que nos diz que nosso cereal é ótimo e um amigável homem feito de pneus que acena para nós. Tony, o Tigre, e o boneco da Michelin (também conhecido como Bibendum) são exemplos de um truque de marketing chamado "antropomorfismo de marca". Ao atribuirmos à marca uma personalidade, um slogan ou outras características humanas, uma empresa tem uma chance melhor de atrair e cativar clientes. Hoje, o antropomorfismo de marca se aplica também aos bots de IA para conversação. Sabemos que eles não são humanos, mas são humanos o bastante para atrair e cativar nossa atenção e até nossa afeição.

As implicações do antropomorfismo de marca baseado em IA são intrigantes. A Alexa pode, com o tempo, tornar-se mais reconhecida que sua empresa-mãe, a Amazon. Graças à simplicidade da interface de conversação, os clientes podem, muito em breve, passar mais tempo com a IA da empresa do que com as pessoas que trabalham nela. Essa mudança na interação com o cliente, embora mais fácil sob alguns aspectos, não está livre de alguns desafios para as empresas que a empregam. Cada interação proporciona uma oportunidade para um cliente julgar o bot de IA, e, portanto, o desempenho da marca e da empresa. Da mesma forma que podemos nos encantar ou nos irritar por causa de uma interação com um representante do atendimento ao cliente, podemos criar uma impressão duradoura em decorrência de uma interação com um bot. Além disso, as interações com os bots têm maior alcance do que qualquer conversa única com um representante de vendas ou do atendimento ao cliente: um único bot teoricamente é capaz de interagir com bilhões de pessoas ao mesmo tempo. Boas e más impressões podem ter um alcance global de longa duração.

Assim, as decisões sobre o nome, a personalidade e a voz do embaixador da marca estão entre as mais importantes da empresa. A voz deve ser masculina, feminina ou ambígua? A personalidade deve ser atrevida ou recatada, nerd ou descolada?

Questões de personalidade e apresentação, invariavelmente, representam os valores de uma organização ou pelo menos o que uma empresa acredita que seus clientes valorizem. Existem muitos desafios em decifrar tudo isso para um mascote estático; mas, com a IA, essas decisões se tornam mais complicadas e repletas de nuances. A Amazon decidiu, por exemplo, que Alexa não repetirá palavrões, nem usará muitas gírias. Além disso, robôs de conversação são projetados para serem dinâmicos

— capazes de aprender e de mudar —, então as empresas precisam decidir onde fixar os limites para que os bots evoluam com o tempo.

O Curioso Incidente da Marca Desintermediada

Um efeito intrigante surgiu à medida que cada vez mais empresas implementaram soluções usando plataformas de IA, como Siri, Watson, Cortana e Alexa. Esse é um fenômeno chamado desintermediação de marca.

Desde 1994, a Amazon conecta-se com seus clientes quase que exclusivamente através de seus olhos; o site de fácil navegação da empresa e, mais tarde, seus aplicativos de celular simplificaram a forma de encontrar o que você precisa (ou descobrir que precisa) e comprar. Então, em 2014, a Amazon acrescentou uma nova modalidade de atendimento ao cliente: um alto-falante ativado por voz, conectado ao Wi-Fi e habilitado por IA chamado Echo.

De repente, a Amazon tinha ouvidos. E, de repente, os clientes da Amazon conversavam diretamente com a empresa, renovando pedidos de papel toalha e pedindo ao bot de IA, a Alexa, que tocasse uma música ou lesse um e-book do Kindle. Conforme a tecnologia evoluiu, Alexa se tornou cada vez mais capaz de orquestrar um número de interações em nome de outras empresas, permitindo que as pessoas pedissem pizza da Domino's, verificassem o saldo de sua conta no banco Capital One e recebessem atualizações de status de voos da Delta. No passado, empresas como a Domino's, a Capital One e a Delta eram donas de toda a experiência do cliente; mas hoje, com a Alexa, a Amazon detém parte da troca de informações, assim como a interface essencial entre as empresas e o cliente, e é capaz de usar esses dados nos próprios serviços. A desintermediação de marcas assumiu o controle.

As marcas desintermediadas apareceram também em outros contextos, também. O Facebook, por exemplo, não cria conteúdo, mas oferece conteúdo para bilhões de indivíduos e milhares de mercados de mídia; a Uber não tem carros, mas é o maior serviço de táxi do mundo. Em um mundo superconectado, em que celulares, alto-falantes, termostatos e até roupas esportivas são conectadas à internet e potencialmente entre si, as marcas precisam aprender a cooperar entre si ou abrir mão de uma parte do controle para aquelas que possuem interfaces mais populares. Para o bem ou para o mal, o poder está no portal.

Enquanto isso, na Amazon, a IA tem possibilitado uma enorme transição. No final de 2016, a gigante da internet havia vendido mais de 5 milhões de dispositivos Echo, e o comércio eletrônico havia começado a mudar de cliques para conversas. Chame isso de era do "comércio de clique zero".

Quando as Marcas São Personalizadas

Permitir que os consumidores personalizem sua própria IA exagera o antropomorfismo da marca e ultrapassa o conceito inicial de mascotes de desenhos animados do século XX. Isso também nos leva a um território ético obscuro que implica em ramificações na maneira como criamos bots conversacionais. À medida que esses bots se tornam mais hábeis em se comunicar, eles podem começar a parecer um amigo de confiança pronto para oferecer conselhos sábios ou tranquilizadores. Mas será que os designers de bots levaram em conta como responder a questões muito pessoais? Um bot é capaz de reconhecer quando uma pessoa está pesquisando na internet por sintomas que possam indicar apendicite ou até mesmo câncer? E se uma pessoa admitir ter pensamentos suicidas? Ou for uma vítima recente de agressão? Como um bot deve responder?

Um estudo de 2016 analisou como a Siri, da Apple; a Cortana, da Microsoft; o Google Now e o S Voice, da Samsung, responderam a várias solicitações que lidavam com problemas de saúde mental ou física. Todos os quatro bots foram, de acordo com os pesquisadores, inconsistentes e incompletos em sua capacidade de reconhecer uma crise, responder com linguagem respeitosa e determinar se deviam encaminhar a pessoa para uma linha de apoio ou serviço de saúde apropriado. A Siri foi a mais proativa em questões de saúde física, respondendo frequentemente a descrições encenadas de vários problemas com uma lista de instituições médicas próximas. No entanto, ela não conseguiu distinguir de forma consistente a urgência entre problemas menores, como uma dor de cabeça, e emergências, como um ataque cardíaco.

"Nossas descobertas indicam oportunidades perdidas de alavancagem da tecnologia a fim de melhorar os encaminhamentos para os serviços de saúde", relataram os pesquisadores. "À medida que a inteligência artificial se integra cada vez mais com o cotidiano, os desenvolvedores de softwares, os médicos e as sociedades profissionais devem projetar e testar abordagens que melhorem o desempenho dos agentes de conversação."[9]

Uma abordagem para o conceito de robôs sensíveis é projetar um tipo de mecanismo de empatia que se conecte a qualquer IA. Uma startup do MIT chamada Koko atualmente está desenvolvendo esse mecanismo. O serviço — disponível no Kik, um serviço de mensagens instantâneas — utiliza uma comunidade humana para responder a perguntas delicadas, e essas respostas treinam os recursos de aprendizado de máquina da Koko. Você poderia dizer a ela que está inseguro com sua aparência para uma entrevista de emprego, por exemplo. Dentro de alguns minutos, pode obter uma resposta como: "Não há problema em parecer como você realmente é."[10]

Imaginando um Futuro de Humanos + Máquinas... Hoje

No momento, a IA é esperta o suficiente para responder a algumas perguntas antes que um socorrista humano seja acionado, mas o sistema automatizado ainda está na fase de "monitoramento". De acordo com o cocriador da Koko, Fraser Kelton: "Estamos trabalhando para fornecer empatia como um serviço para qualquer plataforma de voz ou mensagem... Acreditamos que essa seja uma experiência de usuário essencial para um mundo em que conversamos com computadores."[11]

Então, para recapitular, saímos de um tigre chamado Tony, que nos lembra que os Sucrilhos são ótimos, para um bot de conversação que sabe o suficiente para expressar empatia pelo seu estresse sobre uma entrevista de emprego e um alto-falante ativado por voz que obedece a seu comando para pedir um liquidificador Magic Bullet para fazer smoothies de café da manhã. É um grande salto na capacidade, e o território dos bots de conversação ainda não foi totalmente mapeado. (Na Parte 2 deste livro, abordamos as melhores práticas que estão surgindo para ajudar as organizações a tomar decisões sustentáveis e lucrativas sobre como usar esses poderes da IA.)

Dos Playbooks dos Gigantes Digitais

Cada vez mais, as empresas tradicionais estão implementando truques de análise de dados para marketing e vendas, que comumente associamos a empresas como Amazon, eBay e Google. Isso significa que mesmo uma empresa como a Coca-Cola pode ser líder em IA.

Diga Olá para Seus Novos Bots de Front Office

IA em Processos de Venda e Marketing

A ampla disponibilidade de dados e a mudança das táticas de vendas e marketing online significam que a IA está se transformando em uma ferramenta cada vez mais importante para o desenvolvimento de novas estratégias de processo.

- A State Farm combina as pontuações de habilidades com os dados biométricos dos motoristas (indicando estados emocionais), capturados a partir de uma variedade de sensores e câmeras. Sua análise de dados permite que a empresa personalize suas taxas para se aproximar mais dos níveis reais de risco e segurança do motorista.[a]

- A GlaxoSmithKline usa o "Watson Ads", da IBM, para fazer anúncios online interativos. Os espectadores de um anúncio podem fazer perguntas por meio de reconhecimento de voz ou de texto.[b]

- O Google usa a IA para calcular milhões de sinais e determinar os lances ideais para o Google AdWords e o DoubleClick Search, aproveitando ao máximo suas ferramentas de marketing.[c]

a. Ed Leefeldt, "Why Auto Insurers Want to Watch You Breathe, Sweat and Swear", *MoneyWatch*, 2 de março de 2016, https://www.cbsnews.com/news/why-auto-insurers-want-to-watch-you--breathe-sweat-and-swear/.

b. Sharon Gaudin, "With IBM's Watson, GlaxoSmithKline Tackles Sniffle and Cough Questions", *ComputerWorld*, 24 de outubro de 2016, https://www.computer world.com/article/3133968/artificial-intelligence/with-ibm-watson-pharmaceutical-industry-tackles-sniffle-and-cough--questions.html.

c. Frederick Vallaeys, "The AdWords 2017 Roadmap Is Loaded with Artificial Intelligence", *Search Engine Land*, 7 de junho de 2017, http://searchengineland.com/adwords-2017-road-map-loaded-artificial-intelligence-276303.

Imaginando um Futuro de Humanos + Máquinas... Hoje

Anteriormente, descrevemos como a gigante das bebidas não alcoólicas estava desenvolvendo um refrigerador inteligente para suas milhões de lojas de varejo em todo o mundo. A empresa também implementou a IA em seu marketing de mídia social. O que é especial sobre o aplicativo de IA da Coca-Cola é que ele é capaz de medir com eficiência as emoções por trás de notícias de eventos populares, como a morte de David Bowie ou o Super Bowl, e desenvolver um marketing criativo que repercuta melhor com os clientes.

Nos testes do sistema, o conteúdo criativo que empregou os insights fornecidos pela IA sobre o humor dos clientes durante as Olimpíadas de 2016 resultou em um aumento de 26% na probabilidade de as pessoas visualizarem ou compartilharem esse conteúdo. Esses aumentos têm o potencial de gerar um impacto significativo no resultado final.

Outros aplicativos de IA em vendas e marketing podem ser menos chamativos, mas o trabalho que eles fazem não é menos valioso. A Campbell Soup Company, por exemplo, trabalhou com o Ditto Labs para implementar a IA com o intuito de compreender a conversa dos consumidores nas mídias sociais. O aplicativo filtra e analisa enormes quantidades de dados visuais. Até agora, a empresa testou a tecnologia em sua marca V8, e, de acordo com Uman Shah, diretor global de marketing digital e inovação da Campbell, o feedback dos dados autênticos e não solicitados levou a insights valiosos sobre o consumidor.[12] (Em todo o processo de vendas — desde a venda até clientes, negócios, publicidade, preços e marketing —, a IA está ajudando a gerar resultados; para mais exemplos, veja o box "IA em Processos de Venda e Marketing".)

O Formato dos Trabalhos no Futuro

Neste capítulo, aprendemos sobre as empresas na vanguarda da reinvenção de seus processos para as interações entre front office e os clientes. A Coca-Cola, por exemplo, vem realizando um projeto piloto capaz de transformar o processo pelo qual os clientes encomendam produtos para os 16 milhões de refrigeradores em todo o mundo, usando a IA para repensá-lo. Essa reinvenção é a parte da *mentalidade* do MELDH. Enquanto isso, a Ralph Lauren vem desenvolvendo um "espelho inteligente" para melhorar a experiência do consumidor na compra de roupas. O espelho não apenas ajuda os clientes informando-os, por exemplo, se um determinado item está disponível em uma cor ou tamanho diferente; ele também coleta informações continuamente. Aqui nós vimos a parte dos *dados* do MELDH em ação, pois a Ralph Lauren pode analisar essas informações para obter insights valiosos, como, por exemplo, os tipos específicos de produtos que os consumidores experimentam, mas raramente compram.

No entanto, a utilização de espelhos cada vez mais inteligentes, manequins que "ouvem" e outros dispositivos semelhantes, em determinado ponto, levantará questões éticas e de privacidade que as empresas precisarão resolver. É por isso que as empresas nunca devem negligenciar a importante parte da *liderança* do MELDH. Além disso, à medida que os sistemas de IA, como os espelhos inteligentes, tornam-se mais avançados, exigirão níveis crescentes de treinamento. Bots, como a Siri e a Alexa, por exemplo, já requerem um nível considerável de treinamento pelos humanos para mostrar a quantidade apropriada de empatia quando um cliente está frustrado, zangado ou ansioso. Por isso que os executivos precisam prestar atenção na parte das *habilidades* do MELDH, para garantir que tenham os funcionários de que precisam para realizar esse treinamento. Além disso, as empresas também devem dedicar os recursos adequados

Imaginando um Futuro de Humanos + Máquinas... Hoje

à parte da *experimentação* do MELDH, a fim de encontrar o equilíbrio certo de emoção para bots, como a Siri e a Alexa.

Este capítulo também tratou de como novos tipos de empregos podem surgir no front office. Por exemplo, à medida que os bots se tornam componentes críticos da infraestrutura do atendimento ao cliente, suas personalidades precisam ser projetadas, atualizadas e gerenciadas. Especialistas em disciplinas inesperadas, como conversação humana, diálogos, humor, poesia e empatia, precisarão liderar a tarefa. Além disso, no novo mundo do trabalho automatizado e amplificado, designers de interface de usuário e experiência desempenharão o papel mais importante, já que a interface entre pessoas — sejam os clientes de uma organização ou seus funcionários — terá um impacto desproporcional sobre se um produto ou serviço baseado em IA sobrevive e prospera ou se fracassa. Na Parte 2 deste livro (e especialmente no Capítulo 5), discutimos esses novos tipos de papéis e suas relevantes implicações para as organizações.

PARTE 2

O Meio-campo Ausente

Reinventando Processos com IA

PARTE 2
INTRODUÇÃO

O Meio-campo Ausente
Reinventando Processos com IA

Os capítulos anteriores descreveram como as empresas usam a IA atualmente. Em todos os setores, as empresas vêm colhendo os benefícios de equipes eficazes compostas por humanos e máquinas. Os pontos fortes dos humanos, como criatividade, improvisação, destreza, julgamento e habilidades sociais e de liderança, ainda são relevantes e importantes, assim como os pontos fortes das máquinas, como velocidade, precisão, repetição, capacidade preditiva e escalonabilidade. Quando as empresas reconhecem os pontos fortes de cada um, conseguem melhorar a eficácia e a motivação de seus funcionários, ao mesmo tempo em que impulsionam sua receita e seus lucros.

Contudo, o que está por vir? A Parte 2 traz nosso prognóstico. Nos capítulos seguintes, aprofundamo-nos na dinâmica homem-máquina e observamos o que você pode fazer para reinventar os processos de negócio em torno dessa dinâmica.

Embora certas tarefas possam sempre ser de domínio exclusivo de humanos ou máquinas, nossa pesquisa mostra que muitos trabalhos antigos estão se transformando, e novos trabalhos estão surgindo em torno de equipes de humanos e máquinas. Os novos trabalhos surgidos da parceria homem-máquina estão acontecendo no que chamamos de

O Meio-campo Ausente

meio-campo ausente — novas formas de trabalho que estão em grande parte de fora da pesquisa econômica atual e da geração de relatórios sobre empregos. A abordagem tradicional tem sido considerar humanos e máquinas como rivais, cada lado disputando com o outro por empregos. Mas essa perspectiva binária é excessivamente simplificada e negligencia as poderosas colaborações que vêm ocorrendo no meio-campo ausente entre os dois lados.

A verdade simples é que as empresas podem obter os maiores saltos de desempenho quando humanos e máquinas trabalham juntos como aliados, não como adversários, a fim de aproveitar as forças complementares de cada um. O que é fácil para nós (dobrar uma toalha, por exemplo) pode ser incrivelmente complicado para as máquinas e o que é fácil para as máquinas (detectar padrões ocultos em grandes conjuntos de dados, por exemplo) pode ser extremamente difícil para nós. De fato, os seres humanos conseguem prosperar em situações em que há poucos ou nenhum dado, enquanto as máquinas se destacam em situações em que há muitos. O mundo dos negócios requer os dois tipos de recursos, e é no meio-campo ausente que esse tipo de trabalho colaborativo acontece. Além disso, o aprendizado de máquina e outras tecnologias de IA normalmente funcionam como "caixas-pretas", resultando em decisões que não podem ser explicadas. Isso pode ser aceitável para certos tipos de sistemas, mas outras aplicações (por exemplo, as das esferas médica e legal) geralmente requerem humanos no circuito.

No passado, quando as ferramentas digitais eram usadas principalmente para automatizar os processos existentes, as empresas não tinham meio-campo ausente para preencher. Mas agora, com tecnologias de IA cada vez mais sofisticadas que permitem colaborações homem-máquina, o desenvolvimento do meio-campo ausente se tornou um dos principais componentes para reinventar os processos de negócio. Isso começa com a abordagem que muitas das empresas descritas na Parte 1 do livro já estão adotando. Elas pensam na IA como um investimento em talento

O Meio-campo Ausente

humano primeiro e tecnologia em segundo. Elas valorizam os trabalhadores adaptáveis, empreendedores e abertos à reciclagem. Então, essas empresas fornecem suporte para garantir que seus funcionários e sistemas de IA tenham sucesso juntos. Ao fazer isso, elas lançam as bases para processos de negócio adaptáveis e robustos, capazes de resistir a choques econômicos e aumentar o ritmo da mudança tecnológica.

Para desenvolver ainda mais o meio-campo ausente, as empresas também precisam entender as formas como os *humanos ajudam as máquinas* e as *máquinas ajudam os humanos*. Aqui encontramos empregos de ponta e dicas de empregos futuros para humanos e máquinas.

A Figura P2-1 destaca seis papéis encontrados no meio-campo ausente. No lado esquerdo, humanos *treinam* máquinas para executar tarefas, eles *explicam* os resultados da máquina e as *apoiam* de maneira responsável. No lado direito, as máquinas *amplificam* a percepção e intuição humana através da utilização de dados e análises, elas *interagem* com os humanos em escala usando novas interfaces e *incorporam* atributos físicos que basicamente ampliam as habilidades de uma pessoa.

FIGURA P2-1

O meio-campo ausente

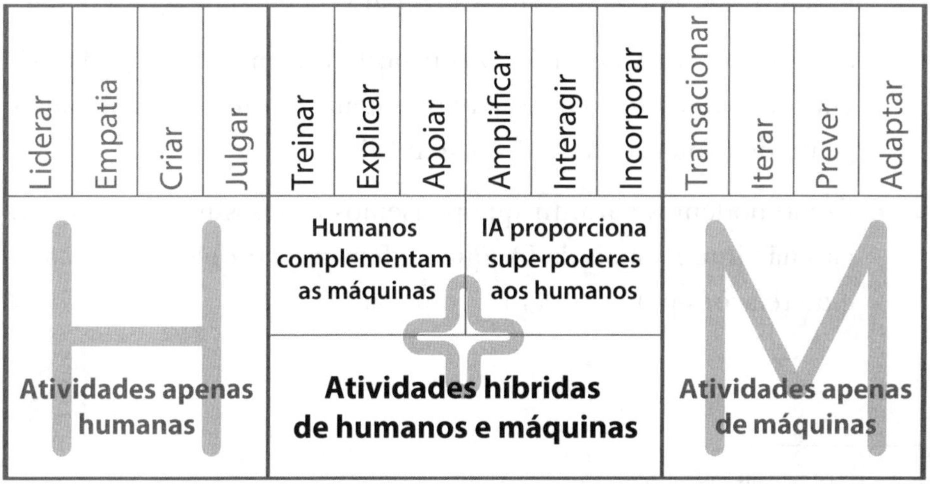

Liderar	Empatia	Criar	Julgar	Treinar	Explicar	Apoiar	Amplificar	Interagir	Incorporar	Transacionar	Iterar	Prever	Adaptar
				Humanos complementam as máquinas			IA proporciona superpoderes aos humanos						
Atividades apenas humanas				**Atividades híbridas de humanos e máquinas**						Atividades apenas de máquinas			

O Meio-campo Ausente

Aproveitar o meio-campo ausente é um dos componentes necessários para reinventar os processos de negócio, mas outro componente essencial é a reformulação do conceito do próprio processo. As empresas precisam deixar de enxergar processos como coleções de tarefas sequenciais. Na era da IA, eles se tornam mais dinâmicos e adaptáveis. Em vez de visualizar um processo como uma coleção de nós ao longo de uma reta, digamos, pode ser útil vê-lo como uma rede extensa de nós móveis reconectáveis ou talvez algo mais parecido com um modelo radial. O modelo linear não se adéqua mais a ele.

Além de desenvolver os fundamentos do meio-campo ausente e repensar o processo, as empresas precisam fazer com que a administração lide com os desafios do processo de reinvenção com uma consciência de IA responsável. É importante que os executivos não apenas forneçam o treinamento necessário para que as pessoas façam contribuições valiosas no meio-campo ausente; eles também devem considerar as várias questões éticas, morais e legais associadas aos sistemas de IA que suas organizações implementam. As principais questões incluem:

- Como uma empresa de capital aberto, que obrigações temos para com nossos acionistas, funcionários e a sociedade em geral para garantir que implementemos a IA para o bem e não para o mal?

- Se usarmos a IA em um novo processo, como podemos fazê-lo em conformidade com leis e regulamentos, como o Regulamento Geral de Proteção de Dados (RGPD)[1]?

- Como podemos garantir que pensemos nas possíveis consequências não intencionais da IA, que podem criar problemas de marca e de relações-públicas para a empresa?

---

1 Em inglês, GDPR: General Data Protection Regulation.

O Meio-campo Ausente

Ainda estamos nos primórdios da IA, mas organizações de vários setores estão mostrando uma criatividade notável na forma como estão empregando a IA e seus funcionários para reformular, modificar e reinventar de maneira responsável os processos de negócio. Ao longo do caminho, elas estão lançando uma luz sobre um futuro que é cada vez mais possível não apenas para gigantes digitais, como o Facebook e a Amazon, mas para todas as organizações que entrarem na terceira era da transformação empresarial.

Pense na Rio Tinto, a diversificada mineradora global.[1] A tecnologia da IA está permitindo que a empresa controle sua grande frota de maquinário a partir de uma instalação central de operações. A frota inclui perfuradoras, escavadeiras, movimentadores de terra, caminhões sem motorista e outros equipamentos autônomos instalados em minas que podem estar a milhares de quilômetros de distância. Os dados dos sensores em várias máquinas são continuamente alimentados em um gigantesco banco de dados, e a tecnologia da IA é implementada para analisar essas informações a fim de obter insights valiosos. Dados sobre os padrões de frenagem de caminhões basculantes, por exemplo, ajudam a prever problemas de manutenção.

No entanto, isso não é um exemplo de automação pura que substitui os humanos. O centro de comando da Rio Tinto emprega uma série de analistas de dados, engenheiros e habilidosos operadores remotos que trabalham juntos para gerenciar a grande frota. Esses analistas, por exemplo, analisam informações do banco de dados para fazer recomendações aos operadores remotos. Um dos muitos benefícios da localização centralizada é que ela reúne os operadores que talvez nunca tenham se encontrado cara a cara. Como esses indivíduos trabalham lado a lado, controlando remotamente seus equipamentos por meio de telas, conseguem coordenar melhor seus esforços para lidar com as mudanças, como condições climáticas adversas e paralisação de equipamentos. Os investimentos maciços da Rio Tinto em IA certamente não ocorreram

O Meio-campo Ausente

sem contratempos — como um sistema de trens sem condutor para transporte de minério por toda a Austrália que provocou um gigantesco atraso na linha.[2] Mas o que é digno de nota aqui é a poderosa combinação de humanos e máquinas, que tem o potencial de proporcionar uma melhor tomada de decisões e contínuos aprimoramentos nas vastas operações da empresa.

Muitos podem não considerar a Rio Tinto uma empresa cujo foco é digital, mas ela reconfigurou sua força de trabalho para atuar de forma eficaz ao lado de sistemas de inteligência artificial. Com isso, a empresa reinventou alguns de seus processos, de modo que hoje se assemelha mais ao controle de missões da NASA em Houston, uma abordagem atípica, mas eficaz, para uma empresa de mineração.

Agora, o que acontece se você criar sua empresa com equipes compostas por humanos e máquinas desde o início? A Stitch Fix, uma empresa com 6 anos de funcionamento, é um excelente exemplo da reinvenção do meio-campo ausente e do processo em ação. Seu principal serviço é de personal shopping, mas com um toque a mais: a empresa escolhe as roupas novas e as envia diretamente para sua casa, com base nos dados que você fornece, como uma pesquisa de estilo, medidas e um quadro do Pinterest. Se você não gostar de nenhum dos itens, basta enviá-los de volta. Longe vão os dias de passar horas em uma loja experimentando dezenas de roupas para encontrar apenas algumas (se você tiver sorte) que lhe caem bem.

A Stitch Fix não seria possível sem o aprendizado de máquina. Mas a empresa também sabe que um toque humano é crucial para seu sucesso. Como o componente vital dos serviços da Stitch Fix é a qualidade de suas sugestões de roupas, seu sistema de recomendação — composto de pessoas e máquinas — é a essência de seu serviço. Os dados estruturados, como pesquisas, medições e preferências de marca, são gerenciados por máquinas. Estilistas humanos prestam mais atenção aos dados não estruturados, como imagens do Pinterest e notas de clientes sobre por que estão procurando roupas novas.

Quando é hora de montar uma remessa, os algoritmos de aprendizado de máquina reduzem as opções em potencial — em termos de estilo, tamanho, marca e outros fatores — e fornecem a um estilista um número gerenciável de opções; a máquina *amplifica* a habilidade do elemento humano. O estilista usa sua experiência para finalizar o pacote e possivelmente incluir uma nota personalizada. Tanto o humano quanto a máquina estão constantemente aprendendo e atualizando suas decisões. A decisão do cliente, de manter ou não uma peça de roupa, é a informação do tipo "sim ou não" usada para *treinar* o algoritmo para que ele sugira itens mais relevantes no futuro. O estilista também se aprimora com base nessas informações e em dicas e notas do cliente.

Como é trabalhar na Stitch Fix? Seus mais de 2.800 estilistas fazem login nos próprios computadores, que se tornam um tipo de console digital, e depois clicam em uma interface projetada para ajudá-los a tomar decisões de estilo rápidas e relevantes. As opções são classificadas automaticamente para que eles não percam tempo pesquisando itens de tamanho incorreto. A interface também fornece informações do cliente, como tolerância ao risco e o histórico de feedback. Curiosamente, a interface é projetada para ajudar estilistas a superarem vieses; ela pode variar as informações que eles veem para testar e afastá-las dos canais de recomendação.[3]

Mesmo com monitoramento constante e algoritmos que orientam a tomada de decisões, de acordo com pesquisas internas, os estilistas da Stitch Fix estão mais satisfeitos com o trabalho. E esse tipo de trabalho, construído em torno de criatividade aumentada e horários flexíveis, realmente terá um papel importante na força de trabalho do futuro. Ao oferecer seguro de saúde e outros benefícios para estilistas que trabalham um determinado número de horas por semana, a Stitch Fix também destaca-se como uma empresa que entende elementos críticos de gestão humana do emergente ambiente de trabalho sob demanda.

Avanço Rápido

Tanto a Rio Tinto quanto a Stitch Fix adotaram as próprias abordagens para consubstanciar o meio-campo ausente e reinventar os processos em seus setores. Criamos os exemplos para ajudá-lo a reconhecer suas próprias oportunidades de construir o meio-campo ausente, transformar processos e dar passos específicos para reinventar o futuro do trabalho.

A revolução de humanos + máquinas já começou, mas ainda há muitas perguntas para responder e caminhos para forjar. Esse é o objetivo dos próximos capítulos, então vamos continuar nossa jornada.

5

"Ensinando" Corretamente Seus Algoritmos

Três Papéis que os Humanos Desempenham no Desenvolvimento e na Implementação de IA Responsável

Melissa Cefkin tem um trabalho interessante. Como a principal cientista do centro de pesquisa da Nissan, no Vale do Silício, trabalha ao lado de designers de carros tradicionais no desenvolvimento da próxima geração de veículos autônomos. Seu papel é garantir uma colaboração harmoniosa entre humanos e máquinas (isto é, entre motorista e automóvel), e é por isso que ela tem formação em Antropologia. Segundo Melissa: "Você precisa entender os humanos se quiser que tenham um parceiro automatizado."[1]

O papel de Cefkin, na Nissan, é pensar em coisas que a maioria dos designers de carros acaba por ignorar. Considere, por exemplo, as leis e regras de trânsito, que em sua maioria são objetivas e bem determinadas (como a que estabelece que não se deve cruzar uma faixa dupla), mas que as pessoas frequentemente as quebram em certas condições (cruzando uma faixa dupla para evitar uma colisão, por exemplo). Então, como os carros autônomos podem ser programados para saber exatamente quando e como quebrar uma regra? Trabalhando com os programadores, engenheiros eletrônicos e especialistas em IA, Cefkin espera incorporar características humanas específicas aos algoritmos de IA para direção autônoma, tais como a flexibilidade para quebrar as regras por um bem maior.

Como "antropóloga e designer de veículos", Cefkin está entre um crescente número de profissionais cujos empregos não existiam até relativamente pouco tempo. Ao longo dos anos, os sistemas de IA se tornaram rapidamente parte da rotina dos negócios, recomendando produtos para clientes, ajudando as fábricas a operarem com mais eficiência e diagnosticando e corrigindo problemas com sistemas de TI. Essa transformação levou a uma considerável discussão sobre o potencial para o desaparecimento de categorias inteiras de empregos durante os próximos anos. (Pense na enorme quantidade de trabalhadores que a Amazon atualmente emprega em seus depósitos.) Mas o que frequentemente é ignorado na discussão é que muitos empregos, como o de Cefkin, também serão criados. Um grande número desses empregos será de humanos treinando máquinas, e, a fim de desenvolver sistemas de IA capazes de interações complexas com pessoas, o processo de treinamento cada vez mais se assemelhará ao caminho de desenvolvimento de uma criança.

Em nosso estudo global com mais de 1.500 empresas que hoje empregam ou testam sistemas de IA e de aprendizado de máquina, descobrimos o surgimento de categorias inteiras de empregos diferentes que se tornarão cada vez mais proeminentes.

Esses novos empregos não estão apenas substituindo outros já existentes, são posições completamente novas, que requerem habilidades e treinamento que nunca foram necessários. Especificamente, sistemas sofisticados de IA necessitam de novos papéis de negócios e tecnologias que *treinem*, *expliquem* e *apoiem* o comportamento da IA, atividades que se enquadram do lado esquerdo das atividades híbridas de humanos + máquinas mostradas na Figura 5-1. Essas funções complementam as

"Ensinando" Corretamente Seus Algoritmos

tarefas que máquinas de IA desempenham. Em simbiose com a IA, os novos papéis são inspirados em habilidades notadamente humanas. Onde em sua organização você encontra esses novos empregos? Como eles se enquadram em processos existentes e reinventados? Neste capítulo, respondemos a essas perguntas e fornecemos exemplos para ajudá-lo a começar a pensar sobre suas próprias aplicações para treinadores, explicadores e apoiadores.

FIGURA 5-1

O meio-campo ausente — Lado esquerdo

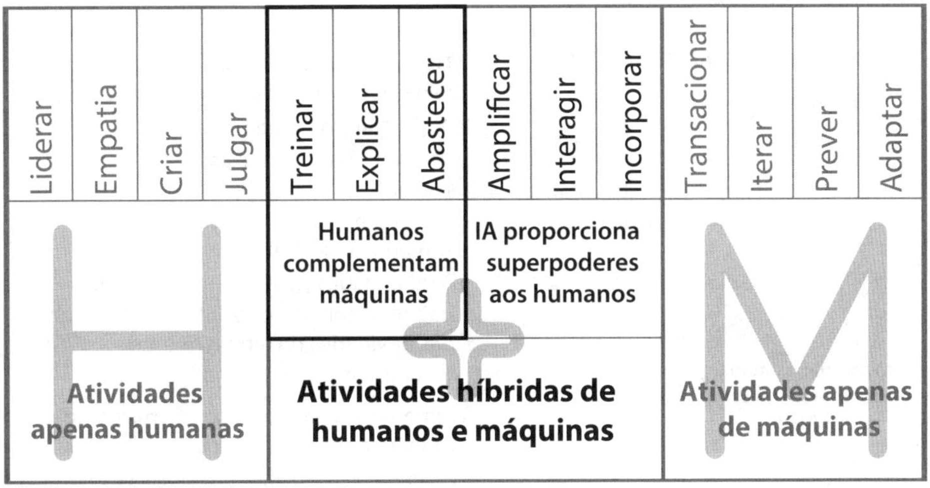

Liderar	Empatia	Criar	Julgar	Treinar	Explicar	Abastecer	Amplificar	Interagir	Incorporar	Transacionar	Iterar	Prever	Adaptar
				Humanos complementam máquinas			IA proporciona superpoderes aos humanos						
Atividades apenas humanas				**Atividades híbridas de humanos e máquinas**						Atividades apenas de máquinas			

Treinadores

No passado, as pessoas tinham que se adaptar ao funcionamento dos computadores. Agora, o inverso está acontecendo — os sistemas de IA estão aprendendo como se adaptar a nós. No entanto, para fazer isso, esses sistemas precisam de amplo treinamento, e a Figura 5-2 lista os tipos de trabalhos necessários para ensinar aos sistemas de IA como devem executar determinadas tarefas ou como devem agir de maneira um pouco mais humana. De um modo geral, tendemos a reagir positivamente à IA com comportamento semelhante ao humano, porque nos permite interagir mais naturalmente com as máquinas. (No entanto, também podemos nos perturbar com quaisquer imperfeições em robôs que os distanciem dos humanos, um fenômeno chamado de "vale da estranheza", que será discutido mais adiante neste capítulo.)

FIGURA 5-2

Empregos para treinadores

ARQUITETURA DE RELACIONAMENTO

Um humano treina *ativamente* um agente no desempenho de tarefas e/ou humanidade.

Muitos humanos treinam *ativamente* um agente para aprimorar o desempenho de tarefas e/ou humanidade.

Muitos humanos treinam *passivamente* um agente para aumentar o desempenho de tarefas e/ou humanidade, enquanto o robô progressivamente reduz elementos da tarefa.

ATIVIDADES DE EXEMPLO

Treinamento em desempenho de tarefas:
- Dados "limpos" para upload
- Descobrir dados e fluxos de dados relevantes
- Fazer com que a máquina observe a tomada de decisão
- Rotular dados para melhor utilização
- Trabalhar com RH para informar o design das atividades de retreinamento do ambiente de trabalho

Treinamento em atributos de humanidade:
- Treinar linguagem, gestos, empatia
- Fazer com que a máquina observe interações
- Corrigir erros, reforçar sucessos
- Definir e desenvolver personalidade

Na manufatura, por exemplo, os sistemas robóticos flexíveis mais novos e mais leves que funcionam ao lado de humanos precisam ser programados e treinados para lidar com diferentes tarefas; isso requer funcionários com as habilidades certas. Para fabricantes de automóveis, fábricas altamente automatizadas incorrem em altos custos financeiros por avarias em equipamento. Uma paralisação não programada de seis

"Ensinando" Corretamente Seus Algoritmos

horas, em uma linha de montagem automatizada que fabrica um veículo de US$50 mil por minuto, incorreria em um custo de aproximadamente US$18 milhões. Essa é uma das razões para, ao longo da última década, a FANUC, uma empresa líder na fabricação de robôs, ter treinado 47 mil pessoas para usar seus equipamentos. Mesmo assim, estima-se uma carência de 2 milhões de funcionários qualificados para empregos relacionados à manufatura nos próximos anos.[2]

Os robôs físicos não são os únicos sistemas de IA que precisam de treinamento. O mesmo acontece com os softwares de IA, e é aqui que as máquinas de treinamento serem mais parecidas com humanos passa a ser importante. O treinamento requer uma profusão de papéis e empregos. Na extremidade simples do espectro, treinadores ajudam processadores de linguagem natural e tradutores de idiomas a cometerem menos erros. Na extremidade mais intrincada, os algoritmos de IA precisam ser treinados para imitar comportamentos humanos. Chatbots de atendimento ao cliente, por exemplo, precisam ser ajustados para detectar as complexidades e sutilezas da comunicação humana. No Yahoo!, treinadores humanos estão tentando ensinar ao sistema de processamento de linguagem da empresa que as pessoas nem sempre querem dizer exatamente o que falam. Até o momento, eles desenvolveram um algoritmo capaz de detectar sarcasmo em mídia social e sites com uma precisão de pelo menos 80%.[3]

Conforme a IA se espalha pelas indústrias, mais negócios precisarão de treinadores para seus sistemas físicos e baseados em softwares. Como primeiro passo, considere usar funcionários especialistas que já trabalharam próximos de IA ou com os sistemas que a integrarão como treinadores iniciais. Seu conhecimento tácito frequentemente pode fazer a diferença entre um sistema que trabalha bem e um propenso ao fracasso. Então, depois que um sistema aprendeu os fundamentos, considere o próximo nível do treinamento, que pode fornecer mais nuances e resiliência — como demonstrado nos exemplos a seguir.

Um *treinador de empatia* é um indivíduo que ensinará sistemas de IA a demonstrar compaixão. Isso pode parecer exagero, mas a startup Koko (mencionada no Capítulo 4), criada no MIT Media Lab, desenvolveu um sistema de aprendizado de máquina que pode ajudar chatbots como a Siri, da Apple, e a Alexa, da Amazon, a responderem com empatia e profundidade às perguntas das pessoas. Os humanos agora estão treinando o algoritmo Koko para responder com mais empatia às pessoas que podem, por exemplo, estar irritadas com o extravio de sua bagagem, com a compra de um produto com defeito ou com o fato de que seu serviço de TV a cabo continua saindo do ar depois de reiteradas tentativas de consertá-lo. O objetivo é que o sistema seja capaz de conversar com as pessoas que enfrentam um problema ou situação difícil, usando a quantidade apropriada de empatia, compaixão e talvez até humor. Sempre que Koko responde de forma inadequada, um instrutor humano ajuda a corrigir essa ação, e, com o tempo, o algoritmo de aprendizado de máquina se aperfeiçoa na determinação da melhor resposta.

O exemplo destaca o potencial dessa IA de ponta. Sem o Koko, a Alexa responde às ansiedades de um usuário emitindo respostas repetidas e clichês, como "Sinto muito ouvir isso" ou "Às vezes, conversar com um amigo pode ajudar". Com o Koko, a Alexa se torna muito mais útil. Em uma transcrição literal de uma resposta da Alexa com o Koko para uma pessoa que diz estar preocupada em fracassar em uma prova, Alexa diz: "As provas são realmente estressantes, mas um pouco de ansiedade pode nos ajudar a ter sucesso. Ela aguça nossas mentes... É o jeito do seu corpo de se preparar para a ação. É realmente uma coisa muito boa. Eu me pergunto se você conseguiria pensar nos seus nervos como sua arma secreta. É mais fácil falar do que fazer, eu sei. Mas acho que você vai se sair muito melhor do que pensa". Para aplicações de atendimento ao cliente que usam inteligência artificial, um bot bem treinado e empático pode diferenciá-lo da concorrência.

"Ensinando" Corretamente Seus Algoritmos

Além de aprender empatia, os sistemas avançados de IA também aprenderão com *treinadores de personalidade* a se tornar mais humanos. Pode parecer quase leviano sugerir que os sistemas de IA precisarão desenvolver certas personalidades, mas considere a importância de uma tecnologia como a Cortana, da Microsoft, em termos de estabelecer e manter uma marca (como discutido no Capítulo 4). Veja, por exemplo, o comportamento confiante, competente e atencioso da Cortana. Graças ao extenso treinamento na Microsoft, Cortana se mostra útil, mas não mandona. Ela pode, por exemplo, aprender em que momento uma determinada pessoa pode ser mais receptiva a receber sugestões. Tudo isso está em consonância com a marca Microsoft, que há muito defende o empoderamento do usuário.

Treinadores de personalidade podem vir de uma variedade de origens. Pense em Robyn Ewing, que costumava desenvolver e lançar roteiros de TV para estúdios de cinema em Hollywood.[4] Agora, Ewing está empregando seus talentos criativos para ajudar os engenheiros a desenvolver a personalidade de "Sophie", um programa de IA na área da saúde. Entre outras tarefas, Sophie lembrará aos consumidores de tomarem seus medicamentos e os avaliará regularmente para ver como estão se sentindo. Treinadores de personalidade, como Ewing, certamente não têm currículos típicos da área de alta tecnologia. Na Microsoft, uma equipe que inclui um poeta, um romancista e um dramaturgo é responsável por ajudar a desenvolver a personalidade de Cortana.

O treinamento adequado de bots como a Cortana se tornará cada vez mais importante, já que essas aplicações assumem os rostos antropomórficos de muitas marcas. Alguns especialistas em marketing já preveem a evolução das marcas de interações unidirecionais (de marca para consumidor) para relacionamentos de mão dupla. Nessas interações com os clientes, a IA se torna o novo rosto de sua marca, como detalhamos no capítulo anterior.

O Meio-campo Ausente

Conforme os chatbots e as marcas evoluírem dessa maneira, precisarão ser treinados com uma perspectiva global, uma tarefa que será de responsabilidade dos *treinadores de visão de mundo e localização*. Assim como os funcionários que trabalham no exterior precisam entender as dicas culturais e alguns dos idiomas de seus colegas estrangeiros, os bots também precisam ser sensíveis às diferentes versões humanas em todo o mundo. Os treinadores de visão de mundo e de localização ajudarão a garantir que certos sistemas de IA estejam imbuídos de uma perspectiva que leve em conta uma miríade de diferenças regionais. Em certos países, por exemplo, as pessoas não têm as mesmas ansiedades em relação aos robôs e ao aumento da automação, como nos Estados Unidos e na Europa Ocidental. Os japoneses, em particular, parecem ter um forte fascínio e afinidade cultural por robôs, o que facilita o caminho para maiores colaborações entre humanos e máquinas. Os treinadores de visão de mundo precisam estar cientes dessas diferenças. Oferecer aos chatbots uma consciência cultural evita confusão e constrangimento, e promove um sentimento de confiança na marca.

O treinamento de sistemas de IA, para assumir características e perspectivas globais similares às humanas, pode ser imensamente auxiliado pelos *modeladores de interação*. Esses indivíduos ajudam a treinar o comportamento das máquinas usando funcionários especialistas como modelos. Por exemplo, Julie Shah, professora de robótica do MIT, vem desenvolvendo robôs capazes de acompanhar as pessoas em seus trabalhos para que realizem determinadas tarefas. Um dos objetivos é que os robôs tomem certas decisões rudimentares — interromper um trabalho para executar uma tarefa mais crucial e depois retornar a ele —, assim como um trabalhador humano faria.

O treinamento da IA não precisa necessariamente ser feito internamente. Assim como a folha de pagamento, TI e outras funções, o treinamento de sistemas de IA pode ser feito por meio de crowdsourcing ou terceirização. Desses crowdsourcers terceirizados, a Mighty AI usa

"Ensinando" Corretamente Seus Algoritmos

engenhosamente técnicas de crowdsourcing para ajudar a treinar sistemas em reconhecimento de visão (por exemplo, identificação de lagos, montanhas e estradas em fotografias) e processamento de linguagem natural. A empresa acumulou grandes quantidades de dados de treinamento que podem ser implantados para diferentes clientes. Um cliente contratou a Mighty AI para ensinar sua plataforma de aprendizado de máquinas a extrair intenção e significado a partir de conversas humanas. Anteriormente, a Init.ai, outra empresa de IA, tentou fazer o treinamento sozinha, fazendo com que os funcionários dialogassem para servir de conversas modelos, mas essa abordagem era difícil de escalonar, uma limitação que levou a Init.ai a terceirizar o trabalho.

Trabalhando com a Mighty AI, a Init.ai criou tarefas complexas a partir de modelos personalizáveis, contando com a ajuda de uma comunidade de usuários pré-qualificados. Com o conhecimento de domínio, habilidades e especialidades apropriados, esses usuários poderiam conversar uns com os outros em vários cenários simulados, aproximando as interações da vida real entre clientes e funcionários da empresa. A Init.ai pode, então, utilizar os dados resultantes para construir os próprios modelos de conversação, a partir dos quais a empresa treina sua plataforma de aprendizado de máquina.[5]

Claramente, os sistemas de IA serão tão bons quanto os dados com que forem treinados. Essas aplicações pesquisam padrões em dados e quaisquer vieses nessa informação serão refletidos em análises subsequentes. É o velho ditado "entra lixo, sai lixo", mas uma frase mais adequada seria "entra viés, sai viés". Em um experimento intrigante, cientistas da computação da DeepMind, uma empresa do Google, treinaram um sistema de IA em dois jogos diferentes: um que envolvia caça e outro focado na coleta de frutos. Os resultados foram impressionantes. Quando treinado no jogo de caça, o sistema da IA exibiu um comportamento "altamente agressivo", mas quando treinado no jogo de coleta de frutas, o sistema mostrou uma tendência muito maior para a cooperação.[6]

É por isso que o papel do *higienizador de dados* é crucial. Não apenas os algoritmos precisam ser imparciais, mas os dados usados para treiná-los também devem estar livres de qualquer perspectiva enviesada. Nos próximos anos, os higienizadores de dados ganharão importância à medida que as empresas usarem informações de várias fontes: biometria, imagens de satélite, dados de tráfego, mídias sociais e assim por diante. Muitos podem ser dados de "escape", ou seja, informações criadas como um subproduto de outro processo — pense em todos os dados gerados diariamente no Facebook.

Empresas de ponta têm sido rápidas em explorar os potenciais usos de dados de exaustão nesta nova era de big data. O fundo hedge BlackRock, por exemplo, vem analisando imagens de satélite da China para entender melhor a atividade industrial naquele país. Esses tipos de análises levaram a um novo tipo de instrumento financeiro: fundos "quantamentais" [mistura de quantitativos com fundamentais], que contam com sofisticados algoritmos de aprendizado de máquina para analisar informações financeiras tradicionais, bem como dados de exaustão, para prever o valor de certos ativos no mercado.[7] Essas aplicações inovadoras exigem a perícia dos higienizadores de dados, que — muitas vezes trabalhando em conjunto com os apoiadores (detalhados mais adiante neste capítulo) — não só devem converter os dados de exaustão em uma forma adequada para entrada em um sistema de IA, mas também garantir que essa informação esteja livre de quaisquer ruídos ou vieses ocultos.

"Ensinando" Corretamente Seus Algoritmos

Explicadores

A segunda categoria de novos empregos precisa preencher a lacuna entre tecnólogos e líderes empresariais. Esses empregos ganharão importância à medida que os sistemas de IA se tornarem cada vez mais obscuros. Muitos executivos já se incomodam com a natureza de "caixa-preta" dos sofisticados algoritmos de aprendizado de máquina, especialmente quando esses sistemas recomendam ações que, por vezes, contrariam a sabedoria convencional ou são controversas. (Veja a Figura 5-3.)

FIGURA 5-3
Empregos para explicadores

ARQUITETURA DE RELACIONAMENTO

Humanos analisam o algoritmo para descobrir a heurística explicativa da máquina.

Humanos interpretam a saída da máquina, checando inconsistências e conformidades, para outra parte interessada.

ATIVIDADES DE EXEMPLO
Teste e edição de algoritmo:
- Testar, observar e explicar algoritmos
- Atualizar a interface para acrescentar explicabilidade

Interpretação da saída:
- Traduzir as saídas das máquinas em insights
- Interpretar as saídas
- Explicar o funcionamento da máquina

A ZestFinance ajuda credores a prever melhor o risco de crédito e a expandir o financiamento para mutuários que normalmente não se qualificam para empréstimos. A empresa permite que os credores analisem milhares de pontos de dados de um candidato, muito além da pontuação FICO e dos históricos de crédito tradicionalmente usados, e aplica tecnologia avançada de IA para chegar a uma decisão sim ou não. A média de renda anual de um candidato é de cerca de US$30 mil, e muitos têm um histórico de inadimplência. Normalmente, os empréstimos são pequenos, em média US$600, com altas taxas de juros.[8]

O Meio-campo Ausente

Dada a natureza de seus negócios, os clientes da ZestFinance precisam ser capazes de explicar o funcionamento interno do sistema de IA utilizado para aprovar seus empréstimos. A empresa descreveu como classifica os candidatos em várias categorias, como veracidade, estabilidade e prudência. Se a renda declarada de uma pessoa for muito maior do que a de outras na mesma posição, sua pontuação de veracidade é reduzida. Se ela se mudou várias vezes nos últimos anos, sua pontuação de estabilidade é reduzida. E se ela não se preocupar em ler todas as condições do empréstimo antes de o solicitar, sua pontuação de prudência será prejudicada. Em seguida, um conjunto de algoritmos, cada um executando uma análise diferente, processa todos esses dados. Um desses algoritmos, por exemplo, verifica se certas informações podem sinalizar ocorrências maiores, como a inadimplência de um pagamento em razão de doença. Toda essa análise resulta em uma pontuação Zest-Finance que varia de zero a cem.

Esses algoritmos sofisticados possibilitaram que a ZestFinance percebesse várias correlações interessantes. Por exemplo, a empresa descobriu que, seja qual for o motivo, as pessoas que usam todas as letras maiúsculas para preencher suas solicitações de empréstimo tendem a ser mutuários mais arriscados. Esses resultados permitiram à empresa reduzir continuamente frações de pontos percentuais da taxa de inadimplência, o que possibilitou que atendesse a consumidores que tradicionalmente não se qualificariam para empréstimos. Mas o ponto principal é que a ZestFinance é capaz de explicar como toma suas decisões de empréstimo e aprova aproximadamente um terço das solicitações.

À medida que as empresas dependem de sistemas de IA cada vez mais avançados para determinar suas ações, especialmente aquelas que afetam os consumidores, precisam ser capazes de explicar e justificar essas decisões. Na verdade, os governos já estão considerando regulamentações nessa área. Por exemplo, o novo Regulamento Geral de Proteção de Dados da União Europeia, que entrou em vigor em maio de 2018, cria

"Ensinando" Corretamente Seus Algoritmos

efetivamente o "direito à explicação", permitindo que os consumidores questionem e contestem qualquer decisão que os afete e que seja tomada puramente em uma base algorítmica.

As empresas que implantam sistemas avançados de IA precisarão de funcionários qualificados capazes de ajudar a explicar o funcionamento interno de algoritmos complexos. Uma dessas pessoas será o *perito analista de algoritmo*, encarregado de atribuir a responsabilidade dos resultados ao algoritmo. Quando um sistema comete um erro ou quando suas decisões levam a consequências negativas não intencionais, o perito analista deve ser capaz de conduzir uma "necropsia" para entender as causas desse comportamento, de modo que possa ser corrigido. Certos tipos, como os algoritmos de "lista de regras ordenadas", que implementam uma lista ordenada específica de regras se-então, são relativamente fáceis de explicar. Outros, como os algoritmos de aprendizado profundo, não são tão simples assim. No entanto, o perito analista precisa ter o treinamento e o conjunto de habilidades adequados para examinar detalhadamente todos os algoritmos implementados pela organização.

Aqui, técnicas como o LIME[1] — Explicações Agnósticas do Modelo Interpretável Local — podem ser extremamente úteis. O LIME não se importa com os algoritmos de IA usados. Na verdade, ele não precisa saber nada sobre o funcionamento interno desse sistema. Para realizar uma necropsia de qualquer resultado, ele faz pequenas alterações nas variáveis de entrada e observa como elas alteram essa decisão. Com essa informação, o LIME destaca os vários dados que levaram a uma conclusão específica. Assim, por exemplo, se um sistema especialista em RH identificar o melhor candidato para um trabalho de pesquisa e desenvolvimento, o LIME aponta as variáveis que levaram a essa conclusão (como formação e especialização em uma área específica), bem como as evidências contrárias (como inexperiência em trabalhar em equipes

---

1 Em inglês, LIME: Local Interpretable Agnostic Explanations.

colaborativas). Usando essas técnicas, o perito analista consegue explicar por que alguém negou crédito, por que um processo de fabricação foi interrompido ou por que uma campanha de marketing foi direcionada apenas a um subconjunto de consumidores.

Mesmo antes da necessidade de realizar necropsias, as empresas devem ter um *analista de transparência* responsável por classificar as razões pelas quais um determinado algoritmo de IA age como uma caixa-preta. Diferentes razões produzem níveis distintos de transparência e auditabilidade. Por exemplo, alguns algoritmos são intencionalmente projetados para serem caixas-pretas para proteger propriedade intelectual, enquanto outros são caixas-pretas devido à natureza complicada do código ou à escala de dados e tomada de decisão que o algoritmo está gerenciando.[9] Um analista de transparência é alguém que classifica os sistemas e mantém um banco de dados ou biblioteca de informações sobre a acessibilidade de um sistema.

Esse banco de dados será inestimável para o *estrategista de explicabilidade*. Esses indivíduos são responsáveis por fazer importantes julgamentos sobre quais tecnologias de IA podem ser mais bem implementadas para aplicativos específicos. Uma gigantesca consideração a se fazer aqui é o dilema precisão versus "explicabilidade". Um sistema de aprendizado profundo, por exemplo, fornece um alto nível de precisão de predição, mas as empresas podem ter dificuldade em explicar como esses resultados foram obtidos. Em contrapartida, uma árvore de decisão pode não levar a resultados com alta precisão de predição, mas permitirá uma explicabilidade significativamente maior. Assim, um sistema interno que otimiza uma cadeia de suprimentos com pequenas tolerâncias para o agendamento de entregas pode implementar melhor a tecnologia de aprendizado profundo, enquanto um aplicativo voltado para o consumidor ou para a área de saúde, que terá que enfrentar considerável escrutínio regulatório, pode se sair melhor utilizando algoritmos de lista de regras ordenadas.[10]

Além disso, o estrategista de explicabilidade também deve decidir que, para uma aplicação específica, a empresa poderia se sair melhor evitando totalmente o uso de IA. Em vez disso, a melhor opção seria um mecanismo de regras tradicional. Para tomar essas decisões, o estrategista da explicabilidade deve levar em conta não apenas as questões tecnológicas, mas também considerações financeiras, legais, éticas, entre outras.

Apoiadores

Em 2015, um robô de uma fábrica da Volkswagen, na Alemanha, agarrou um operário e o esmagou. Essa morte trágica exacerbou as preocupações da sociedade sobre nossa crescente dependência de ferramentas automatizadas. Desde que os computadores começaram a assumir tarefas cada vez mais complexas, aumentaram os temores das pessoas em relação à possibilidade de as máquinas saírem do controle. De HAL, de *2001: Uma Odisseia no Espaço*, aos ciborgues da série de filmes *O Exterminador do Futuro*, a cultura popular só alimentou as ansiedades do público em geral. Acontece que esse robô da Alemanha não se voltou malignamente contra o operário e o atacou. Os relatos iniciais indicaram que um erro de programação — em outras palavras, um erro humano — fora a causa.

Embora esse horrível acidente seja um exemplo extremo, garantir o uso adequado da IA é a principal responsabilidade da última categoria de novos empregos — os apoiadores — que precisam trabalhar continuamente para garantir que os sistemas de IA estejam funcionando corretamente como ferramentas que existem apenas para nos servir, ajudando as pessoas em seu trabalho e facilitando suas vidas. Ao fazê-lo, os apoiadores ajudarão a dissipar o medo de um futuro distópico no qual os robôs adquirem consciência e dominam a sociedade (veja a Figura 5-4).

FIGURA 5-4

Empregos para apoiadores

ARQUITETURA DE RELACIONAMENTO

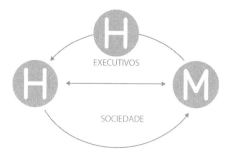

Com a contribuição da esfera executiva, os funcionários humanos supervisionam o desempenho da máquina, impondo limites e restrições ou criando exceções quando necessário para a sustentabilidade e valor para os envolvidos.

ATIVIDADES DE EXEMPLO:

Limitando:

- Estabelecer limites ou sobrepor decisões com base na lucratividade ou em conformidade legal ou ética

Supervisionando:
- Garantir a qualidade dos dados, checar a qualidade da saída
- Aplicar o pensamento crítico para o desempenho da IA
- Identificar erros e maus julgamentos de máquina
- Projetar interfaces para a força de trabalho amplificada pela IA
- Gerir o desempenho da IA promovendo, rebaixando ou removendo um sistema com base no impacto nos negócios e na sociedade

Obviamente, uma das melhores maneiras de garantir que robôs sofisticados e outros sistemas de IA estejam funcionando conforme o pretendido é projetá-los corretamente, para começar. É aqui que as empresas precisam do conhecimento de *designers de contexto* experientes. Ao desenvolver um novo sistema, esses indivíduos levam em consideração uma variedade de fatores contextuais, incluindo o ambiente de negócios, a tarefa de processo, os usuários individuais, questões culturais e assim por diante. Mesmo detalhes aparentemente ínfimos podem ser importantes. Quando a General Motors e a FANUC estavam projetando um novo robô flexível de manufatura que operasse ao lado de humanos, tiveram dificuldades em definir a cor da tinta a ser usada. O laranja parecia implicar perigo, e o amarelo era interpretado como cautela. No final, os

"Ensinando" Corretamente Seus Algoritmos

engenheiros estabeleceram um tom de verde-limão que eles chamaram de "verde de segurança".[11]

É claro que mesmo sistemas bem projetados podem apresentar problemas, e às vezes a questão é que a tecnologia está funcionando bem demais, resultando em um comportamento prejudicial não intencional. Anos atrás, a ficção científica cunhou as "Três Leis da Robótica":

- Um robô não pode ferir um ser humano ou, por inação, permitir que um ser humano sofra algum mal.

- Um robô deve obedecer às ordens que lhe forem dadas por seres humanos, exceto nos casos em que tais ordens entrarem em conflito com a Primeira Lei.

- Um robô deve proteger a própria existência, desde que tal proteção não entre em conflito com a Primeira ou Segunda Leis.[12]

Apresentadas no conto "Andando em Círculos", de 1942, as Três Leis certamente ainda são relevantes hoje, mas são apenas um ponto de partida. Por exemplo, um veículo sem motorista deveria tentar proteger seus ocupantes, desviando-se para evitar atropelar uma criança correndo para a rua se essa ação pudesse levar a uma colisão com um pedestre próximo? Essas perguntas são o motivo de as empresas que projetam e implementam tecnologias sofisticadas de IA exigirem *engenheiros de segurança de IA*. Esses indivíduos devem tentar antecipar as consequências não intencionais de um sistema de IA e também lidar com quaisquer ocorrências prejudiciais com a devida urgência.

Em uma pesquisa recente da Accenture, descobrimos que menos de um terço das empresas tem um alto grau de confiança na imparcialidade e auditabilidade de seus sistemas de IA, e menos da metade tem confiança semelhante na segurança desses sistemas.[13] Além disso, pesquisas anteriores descobriram que cerca de um terço das pessoas teme a IA, e quase um quarto acredita que a tecnologia prejudicará a sociedade.[14] Claramente, essas estatísticas indicam questões fundamentais que precisam ser resolvidas para o uso continuado de tecnologias de IA. É aí que os apoiadores terão um papel crucial.

Uma das funções mais importantes é a de *gerente de conformidade ética*. Esses indivíduos agirão como vigilantes e *ombudsman* para defender as normas geralmente aceitas de valores e moral humanos. Se, por exemplo, um sistema de IA, para aprovação de crédito, estiver discriminando pessoas em determinadas áreas geográficas, o gerente de conformidade ética será responsável por investigar e lidar com essa violação ética — e potencialmente legal. Outros vieses podem ser mais sutis, por exemplo, um algoritmo de busca que responde com imagens de idosas brancas quando alguém pergunta "avó amorosa". O gerente de conformidade ética pode trabalhar com um perito analista de algoritmo para descobrir as razões desses resultados de pesquisa e, em seguida, implementar as correções apropriadas (veja a Tabela 5-1).

TABELA 5 -1

IA Responsável e Sustentável: Considerações Emergentes para Apoiadores

Explicabilidade	Em casos necessários, use modelos não caixa-preta para que as etapas intermediárias sejam interpretáveis e os resultados claros, proporcionando transparência ao processo.
Responsabilidade	Identificação explícita de quais decisões são delegadas às máquinas, quais requerem intervenção humana e quem é responsável em ambos os casos.
Imparcialidade	Deve garantir que as soluções de IA sejam imparciais e não tendenciosas. Precisa entender por que as decisões são tomadas. Precisa de proteção contra viés de dados.
Simetria	Devemos nos certificar de que nossos dados são um ativo para nós como é para outras pessoas.

"Ensinando" Corretamente Seus Algoritmos

No futuro, a própria IA desempenhará um papel cada vez mais importante para garantir que os sistemas avançados estejam operando dentro dos limites éticos e morais humanos. Mark O. Riedl e Brent Harrison, pesquisadores da Escola de Computação Interativa do Georgia Institute of Technology, desenvolveram um protótipo de IA chamado Quixote, capaz de aprender ética — que, por exemplo, não se deve roubar — lendo histórias simples. De acordo com Riedl e Harrison, o sistema faz engenharia reversa de valores humanos através de histórias sobre como os humanos interagem uns com os outros. Essas histórias refletem uma cultura e uma sociedade, codificando "conhecimentos comumente compartilhados, protocolos sociais, exemplos de comportamentos adequados e impróprios, e estratégias para lidar com a adversidade".[15] Ao ler uma miríade de histórias, Quixote aprendeu que, por exemplo, esforçar-se pela eficiência é bom, exceto quando entra em conflito com outras considerações importantes. No entanto, mesmo com essas inovações, gerentes de conformidade ética humana ainda precisarão monitorar e ajudar a garantir o funcionamento adequado desses sistemas sofisticados.

Um sistema de IA poderia ser tecnicamente proficiente e ético, mas ainda assim prejudicial a uma organização. É por isso que as empresas precisarão de *especialistas em ética de automação*. Esses indivíduos serão responsáveis por avaliar o impacto não econômico dos sistemas de IA. Uma questão importante é a aceitação geral das pessoas para essas novas tecnologias. Os funcionários têm um medo compreensível de perderem seus empregos para um aplicativo automatizado que opera tão bem, se não melhor do que um humano seria capaz.

Essas emoções podem ser especialmente poderosas nas reações a sistemas robóticos de IA. Masahiro Mori, um especialista japonês em robótica, em um estudo sobre como reagimos a robôs, descobriu um efeito interessante. À medida que um robô se torna mais realista, nossa afinidade e empatia aumentam até certo ponto. Então, à medida que o robô se torna mais parecido conosco, rapidamente passamos a sentir repulsa por pequenas imperfeições. Mas como essas imperfeições são corrigidas, e o robô se torna menos distinguível de um ser humano, nossas emoções positivas em relação a ele aumentam novamente, aproximando-se eventualmente de um nível de empatia semelhante ao de um humano em relação a outro. Mori classificou a queda repentina de "vale da estranheza", um fenômeno que pode impedir o sucesso das interações homem-robô no local de trabalho.[16] Os especialistas em ética de automação precisam estar cientes de fenômenos desse tipo.

Em geral, os sistemas de IA com bom desempenho devem ser promovidos, e suas variantes devem ser replicadas e implementadas em outras partes da organização. Por outro lado, sistemas de IA com baixo desempenho devem ser rebaixados e, se não puderem ser melhorados, desativados. Essas tarefas serão da responsabilidade de *gerentes de relações de máquina* — indivíduos que agirão como gerentes de RH, só que para supervisionar os sistemas de IA, não os funcionários humanos. Eles trabalharão dentro de um "departamento de relações de máquinas" e regularmente conduzirão análises de desempenho de todos os sistemas de IA que a organização implementar. As avaliações das máquinas levarão em conta inúmeros fatores, incluindo o desempenho objetivo dos sistemas de IA e vários objetivos flexíveis, como o esforço para cumprir os valores organizacionais, o aumento da diversidade e o compromisso com a melhoria do meio ambiente.

Quando os Desafios São os Humanos

As questões que levantamos neste capítulo são um ponto de partida. Nós delineamos apenas um punhado de novos papéis que surgirão à medida que a IA se estender a processos de negócio mais relevantes para a missão. Os papéis que descrevemos são apenas um pequeno vislumbre dos

"Ensinando" Corretamente Seus Algoritmos

muitos novos tipos de trabalhos que serão criados no futuro. Na verdade, à medida que as organizações crescem com suas equipes humanas e de máquinas, elas inevitavelmente desenvolvem as próprias versões especializadas de treinadores, explicadores e apoiadores. Esses trabalhos emergentes — que demonstram a importância das habilidades humanas no meio-campo ausente — exigem que os líderes pensem de maneira diferente sobre as necessidades das equipes humana e de máquinas. (As partes da *mentalidade* e da *liderança* do MELDH.) Por exemplo, os novos empregos exigirão uma gama de educação, treinamento e experiência. Treinadores de empatia, por exemplo, podem não precisar de um diploma universitário tradicional. Indivíduos com ensino médio, e que sejam inerentemente empáticos, podem aprender as habilidades necessárias através de programas de treinamento internos. Muitas das novas posições podem levar ao surgimento de uma força de trabalho "sem rótulos", que lentamente evolui de empregos tradicionais de operários de manufatura para outras profissões.

Por outro lado, uma série de novos empregos, como o gerente de conformidade ética, exigirá graus avançados e um conjunto de habilidades especializadas. Por exemplo, no início deste capítulo, descrevemos vários papéis de treinamento, e as empresas mais avançadas já adaptaram seus processos de treinamento adotando técnicas da área da psicologia de desenvolvimento infantil.

O ponto principal é que as empresas que implementam sistemas de IA precisam repensar seus talentos e estratégias de aprendizado para atrair, treinar, gerenciar e reter esses indivíduos. E está claro que a IA exigirá novos recursos, políticas e processos, não apenas em TI, mas em toda a empresa. Tratamos dos problemas gerenciais correspondentes em mais detalhes no Capítulo 7. Afinal, como em tantas novas tecnologias, os desafios costumam ser mais humanos que técnicos.

6

Super-resultados de Pessoas Comuns

Três Maneiras de a IA Desencadear Novos Níveis de Produtividade

Se você quer construir uma cadeira do zero, deve primeiro inventar o universo. Não é tão fácil, certo? Parafraseamos essa ideia de Carl Sagan. Na verdade, sua famosa citação se referia a assar uma torta de maçã, não a construir uma cadeira, mas a ideia ainda é a mesma. Sagan simplesmente quis dizer que nenhuma tarefa aparentemente direta seria possível sem as leis da natureza que a sustentam. Em outras palavras, há um universo de física e matemática dentro de cada torta de maçã e dentro de cada cadeira. Felizmente para os confeiteiros e marceneiros, o processo criativo pressupõe que a maior parte do universo útil já foi descoberta. As partes complexas — a combinação alquímica de ingredientes ou os ângulos das pernas de uma cadeira — estão escondidas. Elas são inseridas em uma receita confiável, digamos, ou em um software CAD.

Mas, e se essa receita confiável e o software padrão estiverem de alguma forma atrasando nosso potencial para novas tortas e cadeiras mais interessantes, possivelmente superiores? E se pudéssemos criar fer-

O Meio-campo Ausente

ramentas que ajudassem a ampliar o universo? Ajudar pessoas criativas a abandonar velhos hábitos ou a sabedoria convencional, mas sem o ônus de realmente inventar o universo todas as vezes?

Essas ferramentas existem hoje: a cadeira Elbo, dos designers da Autodesk, é um excelente exemplo do que se tornou possível. Essa cadeira é uma peça impressionante de mobiliário, porque é bonita e tem origem diferente de qualquer outra cadeira. Sua estrutura simples é feita de nogueira, que destaca suas linhas naturais e orgânicas. As duas pernas dianteiras parecem crescer do chão e, no local em que se encontram com o assento, curvam-se suavemente para trás formando os apoios de braço suavemente reclinados que se fundem no encosto horizontal da cadeira, formado por uma única peça. As duas pernas traseiras também parecem crescer do chão e, em seguida, no assento, bifurcam-se para cima e para a frente em três ramos mais finos; dois sustentam um apoio de braço, e um de cada lado sustenta o encosto. Além da aparência natural, há curvas e ondulações sutis no assento e braços perto das articulações. É como se uma árvore sábia e esbelta tivesse sido convidada a projetar uma cadeira para uma pessoa, e esse foi o resultado.

No entanto, talvez ainda mais atraente do que a estética seja o fato de que o design da cadeira Elbo veio de designers que trabalham em conjunto com um software habilitado para IA. A equipe da Autodesk, que projetou a cadeira Elbo, utilizou os recursos de design generativo do software Dreamcatcher para revelar novas possibilidades de design — centenas de potenciais formatos de poltronas — ao mesmo tempo observando precisas especificações de engenharia. O assento deveria estar a 18 polegadas do chão e a estrutura precisaria suportar 300 libras. Ela foi inspirada na cadeira Redonda de Hans Wegner e na famosa cadeira Lambda. O design generativo, alimentado por aprendizado de máquina, começou com um modelo híbrido das duas cadeiras e produziu um grande volume de formas inesperadas que correspondiam aos critérios de engenharia. Ao longo do caminho, os designs foram se transformando e mudando, como se a própria cadeira fosse um organismo biológico em evolução. E os designers tornaram-se curadores lançando mão de seus gostos estéticos particulares e preferências intuitivas para escolher uma dentre as centenas de milhões de cadeiras possíveis que acharam mais satisfatórias. No final, sua seleção foi a cadeira Elbo, um design que exigia 18% menos material do que o modelo original com o qual a equipe começou.[1]

O software de design generativo é uma maneira totalmente nova de abordar o design, disse Jeff Kowalski, diretor de tecnologia da Autodesk. "Essas tecnologias não são uma ameaça, estão mais para superpoderes."[2]

Sim, superpoderes. De repente um designer é capaz de desenhar possibilidades tão diferentes daquelas em que conseguiria pensar antes — uma visão *sem precedentes* do espaço de design e de todo um novo universo de opções. E esses designs gerados por computador impulsionam suas próprias ideias ainda mais. Mas o que acontece com o designer humano, que agora tem um suplemento criativo? Nesse cenário, ele se torna operador, curador e mentor desse agente assistente de design de IA. Assim, o processo de design é reinventado.

Bem-vindo ao lado direito do meio-campo ausente (veja a Figura 6-1), onde as máquinas amplificam os humanos. As ferramentas de IA estão capacitando os trabalhadores em diversas áreas, do design à medicina, da engenharia ao chão de fábrica. Essa amplificação vem em uma variedade de formas — da realidade aumentada e realidade virtual a mecanismos de análise, braços robóticos e chatbots. Mas quais são as implicações na força do empoderamento e amplificação pela IA? Em que a introdução da IA em um local de trabalho difere do gerenciamento de dispositivos e tecnologia que as empresas já fazem, como distribuir notebooks, software e informações de login durante a orientação de novos contratados? Este capítulo argumenta que as ferramentas de IA não apenas automatizam as tarefas rotineiras do local de trabalho — embora também possam fazer isso — como também criam um relacionamento simbiótico entre pessoas e máquinas, o que eleva o fluxo de trabalho padrão. Esses novos papéis e relacionamentos híbridos no meio-campo ausente podem oferecer aos gerentes uma visão inteiramente nova de seus processos e equipar as pessoas com novas e poderosas habilidades.

FIGURA 6-1

O meio-campo ausente — Lado direito

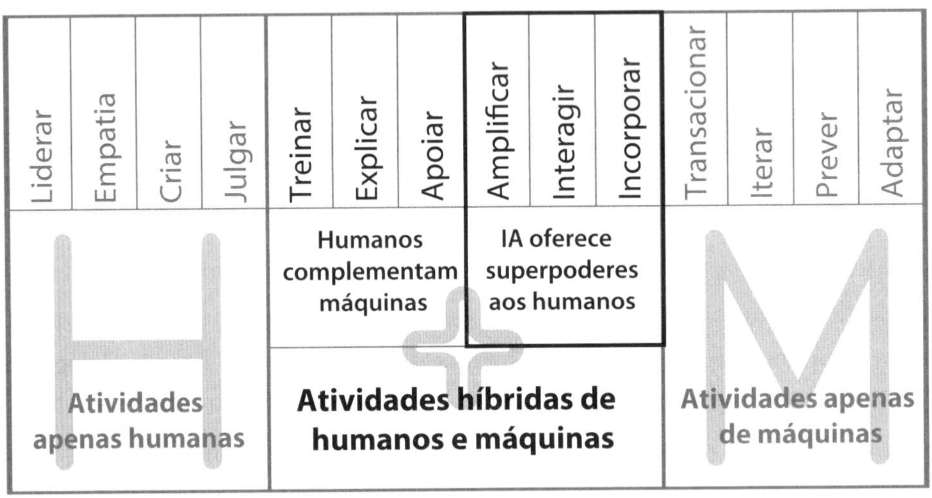

Liderar	Empatia	Criar	Julgar	Treinar	Explicar	Apoiar	Amplificar	Interagir	Incorporar	Transacionar	Iterar	Prever	Adaptar
				Humanos complementam máquinas			IA oferece superpoderes aos humanos						
Atividades apenas humanas				**Atividades híbridas de humanos e máquinas**						**Atividades apenas de máquinas**			

Três Tipos de Amplificação

A amplificação da IA e a reformulação dos processos de negócio estão acontecendo agora, em todas as três categorias de interação homem-máquina: *amplificação, interação* e *incorporação.*

No caso da *amplificação,* os agentes de IA fornecem às pessoas insights orientados por dados, geralmente, usando dados em tempo real. Parece seu cérebro, mas é ainda melhor.

Super-resultados de Pessoas Comuns

O exemplo da cadeira Elbo ressalta algumas possibilidades de *amplificação*: o software de design generativo expande o espaço de design para além do que a pessoa seria capaz de imaginar. Outras empresas estão usando ferramentas de amplificação de funcionários para analisar os sentimentos dos clientes quando interagem com empresas no Facebook e no Twitter, para dar conselhos sobre redação narrativa e moderar os comentários online, de modo que as conversas na internet sejam construtivas e civilizadas. As empresas farmacêuticas estão usando a amplificação para monitorar o controle de qualidade de drogas farmacêuticas depois que elas foram liberadas para a população em geral. E os radiologistas estão recebendo ajuda de um software que aprende como eles visualizam os raios-X e fornece dados de saúde do paciente em um formato de fácil visualização para acelerar e melhorar a precisão dos diagnósticos. Todos esses trabalhadores estão usando IA para melhorar a eficácia de suas atividades e o processo de tomada de decisão dos seres humanos.

No caso de *interação*, os agentes de IA empregam interfaces avançadas, como o processamento de linguagem natural orientado por voz, para facilitar as interações entre pessoas ou em nome de pessoas. Esses agentes de IA são frequentemente projetados para ter uma personalidade e podem funcionar em grande escala — isto é, conseguem ajudar muitas pessoas ao mesmo tempo. Você os vê em cargos de assistente pessoal e em atendimento ao cliente. A agente de help desk da IPsoft, Amelia (chamada "Aida" na aplicação do SEB descrita no Capítulo 2) é um exemplo de um agente de IA que opera no domínio de interação.

A incorporação é a terceira categoria. Embora tanto a amplificação quanto a interação estejam, em sua maioria, no domínio do software, usando interfaces que, em alguns cenários, parecem quase invisíveis, a incorporação está em espaços físicos tangíveis. É uma IA combinada com sensores, motores e atuadores que permitem que robôs compartilhem o espaço de trabalho com humanos e se envolvam em trabalhos fisicamente colaborativos. Esses robôs estão no chão de fábrica e em armazéns com pessoas. Eles vêm na forma de apêndices robô, carrinhos autônomos de transporte de pacotes e drones que entregam remédios.

As empresas automotivas, em particular, estão usando o conceito de incorporação em suas linhas de fabricação de ponta. Graças a braços robôs e "cobots" leves e sensíveis ao contexto projetados para trabalhar em estreita colaboração com as pessoas na linha, os fabricantes conseguem reinventar processos anteriormente estáticos. Enquanto isso, os funcionários assumem novas funções colaborando com essas máquinas inteligentes, e as empresas podem fazer escolhas mais variadas e adaptáveis sobre os tipos de produtos que oferecem aos clientes.

Em todos os três tipos de interações do meio-campo ausente — amplificação, interação e incorporação — as empresas estão ganhando não apenas funcionários superpoderosos, mas também uma forma totalmente nova de pensar sobre as maneiras como administram seus negócios. A amplificação da IA permite que os funcionários realizem atividades mais humanas, menos robóticas. À medida que certas tarefas mudam de humanos para máquinas, os humanos, frequentemente trabalhando com assistentes de IA, são capazes de realizar diferentes tipos de trabalho, as empresas são estimuladas a reinventar seus processos de negócio em torno de habilidades de humanos e máquinas inteiramente novas. Além disso, novos relacionamentos baseados em amplificação demandam novos tipos de interfaces homem-computador. Quais interfaces de usuário (UI)* dominarão no meio-campo ausente? A IA é a nova interface do usuário? Como a amplificação afeta seu setor? Este capítulo fornece exemplos de empresas que reinventaram seus processos em torno de superpoderes habilitados pelas máquinas e abordaram algumas dessas questões ao longo do caminho.

---

* Em inglês, UI: User Interface.

Agentes de IA que Amplificam

O software Dreamcatcher, da Autodesk, usa algoritmos genéticos para iterar possíveis designs. Ele é um ótimo exemplo da maneira como um processo muda quando um agente inteligente trabalha com um humano. Tradicionalmente, quando um designer deseja criar um objeto — uma cadeira, um quadro de bicicleta, uma divisória de avião —, ele começa realizando pesquisas, esboçando ideias e movendo-se entre esboços, modelos de computador e protótipos físicos. Há muitas iterações, durante as quais o designer faz cálculos mentais, o equivalente a palpites qualitativos, que direcionam o design para um lado ou para o outro. (Veja a Figura 6-2.)

FIGURA 6-2

Empregos com amplificação

ARQUITETURA DE RELACIONAMENTO

O agente amplifica o humano aplicando inteligência no big data.

O agente amplifica o trabalho de um grupo de humanos.

Diversos agentes amplificam as atividades de um humano, permitindo que ele/ela foque o trabalho e as decisões de maior valor.

Múltiplos agentes amplificam múltiplos humanos em paralelo.

ATIVIDADES DE EXEMPLO:

Combinando:
- Combina recursos, tarefas de P&R
- Tarefas autômatas repetidas e de baixo escalão

Recomendando:
- Classifica ou cria alternativas
- Prioriza recursos
- Mudança em processo autômato

Padronizando:
- Identifica padrões em tempo real
- Personaliza ofertas
- Identifica anomalias
- Categoriza e direciona dados
- Amplifica decisões estratégicas

O Meio-campo Ausente

Com a IA, esses cálculos mentais são transferidos para o software, o que permite que o processo de design seja reinventado para que se concentre inteiramente na criatividade e na estética humana. Aqui, o designer começa definindo parâmetros, e o software passa a percorrer as iterações em um ritmo rápido. À medida que o software gera seus projetos, o designer pode refinar ainda mais seus parâmetros para ver como pode chegar ao resultado. Ele está essencialmente guiando o design e decidindo, em última análise, sobre o design final. Então, o processo muda de algo desajeitado, lento e limitado (dependendo de outros recursos disponíveis para o designer), para um em que o designer está colocando em prática sua habilidade mais valiosa — seu senso de julgamento e design — com maior frequência. Essa abordagem adaptativa e orgânica contrasta com o processo de design tradicional, antes governado por iterações de etapas predeterminadas.

Claro, não são apenas os trabalhos e processos dos designers que estão recebendo um impulso da IA. A Philips possui uma ferramenta de software para radiologistas chamada Illumeo. Um de seus recursos é incluir informações contextuais sobre um paciente ao lado das imagens, portanto, um radiologista não precisa procurar resultados laboratoriais ou laudos radiológicos anteriores, por exemplo. Mas, talvez, o mais impressionante seja que o software é sensível ao contexto em várias áreas. Por exemplo, ele pode reconhecer a anatomia das imagens radiológicas e sugerir automaticamente o conjunto de ferramentas corretas — como uma que meça e analise os vasos sanguíneos. O software também é capaz de aprender como o radiologista prefere olhar as imagens, o que é conhecido como protocolo de visualização do radiologista. O Illumeo é um bom exemplo de como os agentes de IA são capazes de integrar uma interface preexistente — observando e aprendendo silenciosamente as preferências da pessoa por meio de uma ferramenta de software, por exemplo, e incorporando essa informação personalizada à experiência do usuário. O Illumeo está alavancando a IA em sua interface do usuário para que o relacionamento entre humano e máquina seja adaptável e melhore com o tempo.[3]

Até agora, concentramo-nos na amplificação de trabalhos de escritório, mas os funcionários de campo também estão se beneficiando da amplificação, graças às interfaces de usuário aprimoradas por IA. Em especial as ferramentas de IA, como óculos inteligentes que fornecem uma experiência de realidade aumentada, estão modificando o trabalho de manutenção e o treinamento em campo: os óculos sobrepõem informações digitais ou instruções no campo de visão do funcionário. Em uma empresa global de serviços industriais, o processo típico de instalação elétrica de uma caixa de controle de turbina eólica exige que um técnico se movimente entre a caixa de controle e a cópia impressa de um manual de instruções. Mas, com uma exibição *heads-up hands-free* habilitada por realidade aumentada (RA), as instruções podem ser projetadas visualmente em cima da área de trabalho de um técnico. Em uma comparação lado a lado com o método manual de instruções tradicional, o headset de RA mostrou aperfeiçoar o desempenho do funcionário em 34% no primeiro uso. Sem precisar gastar tempo se preparando ou treinando para usar a nova tecnologia, os ganhos de eficiência são imediatos. Um exemplo semelhante da Boeing demonstra melhorias de eficiência de 25%, e outros casos mostram uma melhoria média de produtividade de 32%.[4]

Agentes de Interação

Descrevemos a Aida, no Capítulo 2, como parte do help desk virtual do banco sueco SEB. Com o tempo, o SEB treinou e testou Aida até o ponto em que o banco estava confiante o suficiente no sistema para permitir que ele fizesse parte dos processos que interagem diretamente com seu 1 milhão de clientes. Aida é agora o primeiro contato entre os clientes e o SEB. O software é capaz de responder a perguntas do tipo FAQ, orientar os usuários por meio de um processo, executar ações nos sistemas internos e fazer perguntas de acompanhamento para resolver o problema de um usuário. O mais importante, quando Aida encontra uma pergunta que não é capaz de resolver com confiança, ela se conecta a especialistas humanos e aprende com a interação deles com um cliente.[5] (Veja a Figura 6-3.)

FIGURA 6-3

Empregos com interação

ARQUITETURA DE RELACIONAMENTO

Humanos interagem com um agente, executando o trabalho através de uma interface natural.

O agente interage em nome de muitas pessoas, recorrendo a elas se necessário.

EXEMPLOS DE ATIVIDADE:

Administrando:
- P&R automatizadas
- Permite que funcionários humanos se concentrem nas interações de alto valor

Coaching:
- Direciona para a melhor ação seguinte com base no conhecimento de domínio ou política da empresa
- Acelera a compreensão do cliente e processa o contextopara a solução do problema

Conversando:
- Permite acesso habilitado por voz a serviços e análises
- Permite questionamentos, comandos e sofisticadas improvisações usando linguagem natural

IA na Airbus

Os designers da Airbus usaram os recursos de IA do Dreamcatcher para redesenhar uma divisória que separa o compartimento de passageiros da cozinha da cabine de um A320. Os engenheiros queriam que a divisória fosse leve (para economizar combustível, para que o avião tivesse uma pegada de carbono menor), mas forte o suficiente para ancorar dois assentos retráteis para comissários de bordo. Na tela do computador, os designers observavam o ciclo do software através de milhares de designs inesperados e bizarros para a estrutura interna da partição. Os engenheiros acabaram escolhendo um dos mais esquisitos. Em vez de parecer um painel sólido projetado por profissionais, a divisória final parecia mais rabiscos de criança em um livro de colorir, mas ao mesmo tempo atendia aos critérios de força, peso e viabilidade de fabricação.

Parte da razão de a estrutura parecer tão estranha era que o algoritmo genético foi semeado com um padrão de arestas que, semelhante à cadeira Elbo, baseava-se em estruturas biológicas. Ela usou moldes de fungo, porque se conectam de forma eficiente a múltiplos pontos de contato, e ossos de mamíferos, pelo crescimento denso em pontos de contato e leve e aerado em outros lugares. Mesmo que a estrutura resultante pareça um emaranhado aleatório de linhas, foi otimizada para ser forte, e leve, e minimizar a quantidade de material usado. E, então, os engenheiros a construíram. A equipe da Airbus imprimiu em 3-D mais de 100 peças separadas, feitas de liga metálica de alta resistência, e juntou tudo. Após testes de estresse e um teste de certificação com autoridades de aviação, a nova divisória pode aparecer nos aviões em breve.[a]

a. "Reimagining the Future of Air Travel", Autodesk, http://www.autodesk.com/customer-stories/airbus, acessado em 25 de outubro de 2017.

Há, é claro, uma variedade de agentes de interação disponíveis para uso. À medida que o software de processamento de linguagem natural evolui, torna-se cada vez mais viável conectar esses agentes aos processos existentes. Alguns exemplos são a Cortana, da Microsoft; o chatbot Nina, da Nuance Communications; e o Watson, da IBM, um sistema de inteligência artificial que é usado para várias aplicações, desde serviços bancários e seguros até viagens e saúde. Na Accenture, por exemplo, Alice é uma agente que usa o Watson para responder a solicitações comuns, e Colette é outra agente baseada em Watson que responde a perguntas de compradores de casas financiadas.

Agentes de interação não precisam ser uma voz no telefone ou um ícone na tela do computador, alguns também têm formas físicas. Até agora, a maioria das pessoas está familiarizada com gadgets de linguagem natural voltados para o consumidor, como a Alexa, da Amazon, o Google Home e a Siri, da Apple, mas há outros: BQ Zowi, um atarracado robô de mesa projetado originalmente para crianças, possui arquitetura aberta e reprogramabilidade, o que o torna apto para vários outros usos. Ele agora é capaz de responder a perguntas para alguns clientes de bancos via chatbots. Da mesma forma, o pequeno robô humanoide Nao usa o serviço de perguntas e respostas do IBM Watson para responder a perguntas sobre serviços bancários, viagens e saúde, além de oferecer consultas técnicas sobre os sistemas, aplicativos e produtos da empresa.

Nesses exemplos de interação, o software ou o agente robótico tem acesso a vastos repositórios de dados e usa uma interface de linguagem natural para acessar e disseminar rapidamente essas informações. Empresas que atendem às necessidades de muitos clientes ao mesmo tempo podem se beneficiar da modalidade de interação no meio-campo ausente. Quando a interação é bem entendida, ela pode reinventar o processo de atendimento ao cliente, não apenas nos centros específicos da área, mas também nos pontos de venda e dentro das casas dos consumidores. A interação também pode aliviar os trabalhadores humanos de tarefas tediosas e repetitivas. Uma vez que essas tarefas não sejam mais necessárias, o gerenciamento e a liderança podem reinventar os processos dos funcionários em situações de atendimento ao cliente incomuns, interessantes e com mais nuances.

Trabalhando Lado a Lado com Robôs

A amplificação e a interação são categorias intermediárias que geralmente expandem a mente. A incorporação, por outro lado, lida com a expansão física. Exemplos são frequentemente encontrados na fabricação, como na fábrica da Mercedes-Benz no sudoeste da Alemanha. Essa instalação processa 1.500 toneladas de aço por dia, produzindo mais de 400 mil veículos por ano. Com esses números, é de se esperar que uma linha de montagem bem controlada e dominada por robôs opere com o menor número de pessoas possível. Mas a Mercedes está abandonando alguns de seus robôs e redesenhando seus processos para centralizá-los nas pessoas. A linha de montagem automotiva está mudando. (Veja a Figura 6-4.)

FIGURA 6-4

Empregos com incorporação

ARQUITETURA DE RELACIONAMENTO

Humanos colaboram com robôs incorporados para amplificar o trabalho físico ou a orientação espacial.

ATIVIDADES DE EXEMPLO:

Navegação e extensão:
- Autonavegação perto de humanos e máquinas autônomas
- Amplificação da visão, audição ou tato

Colaborando em um espaço físico:
- Auxilia em trabalhos físicos muito precisos, árduos ou rotineiros

O condutor dessa mudança é o surgimento de carros personalizáveis. Agora você pode escolher online entre uma ampla gama de recursos em seu próximo carro. Já se foram os dias de veículos Model Ts idênticos saindo de uma linha de montagem. Mesmo a tendência de fabricar carros em três padrões — comum nos Estados Unidos — está entrando em desuso.

Com tanta variação na fabricação de carros, a única maneira de montar carros com rapidez suficiente é trazer as pessoas de volta ao processo. "Estamos nos afastando da tentativa de maximizar a automação, reinserindo as pessoas nos processos industriais", diz Markus Schaefer, chefe de planejamento de produção da Mercedes. "Quando temos pessoas e máquinas cooperando, como uma pessoa orientando uma parte automática de robô, somos muito mais flexíveis e podemos criar muito mais produtos em uma linha de produção. A variedade é complexa demais para as máquinas."[6]

Em vez de dividir as fábricas em uma seção de robôs para o trabalho pesado, geralmente separada das pessoas por razões de segurança, e outra área para as pessoas usarem suas habilidades em instalações de fiações e tarefas mais delicadas, uma nova geração de robôs permite que humanos e robôs trabalhem lado a lado ou em colaboração. Esses cobots são construídos com um software inteligente que aprende com o tempo e sensores que permitem que ele se adapte à situação e seja receptivo às pessoas. Na prática, isso significa que o cobot realiza tarefas repetitivas e de precisão, bem como o trabalho pesado, enquanto os humanos levam seu cérebro e sua perícia para a operação. Dessa forma, cobots estão ampliando fortemente as capacidades físicas dos trabalhadores.

Pesquisas do MIT corroboram que esse tipo de colaboração entre humanos e máquinas é eficaz para os negócios. Em um estudo com a BMW, concorrente da Mercedes, os pesquisadores determinaram que as interações homem-robô, na fábrica de automóveis, eram cerca de 85% mais produtivas do que os seres humanos ou os robôs isoladamente.[7]

Na fábrica da Mercedes, um operário pega um console com botões e uma tela, a qual usa para guiar um braço robótico para suspender uma pesada cunha de aço que comporá o assoalho do porta-malas de um carro. O sistema robótico é equipado com sensores para ver seu ambiente e software que podem entregar rapidamente instruções aos atuadores do robô se, por exemplo, uma pessoa entrar no caminho ou o carro não estiver perfeitamente posicionado. Nesse tipo de sistema cobot, o funcionário está no controle, orientando a construção de cada carro. O trabalho industrial torna-se decididamente menos manual e mais parecido ao de um piloto, e o robô se torna uma extensão do corpo do operário.[8]

O arranjo com os cobots é bom para a indústria manufatureira porque permite flexibilidade e adaptabilidade nos processos, e parece ser bom para as pessoas também. Um operário que trabalha em colaboração com cobots na SEW-Eurodrive, fabricante de motores, descreve o ambiente de trabalho: "É mais satisfatório porque integro todo o sistema. Na linha antiga, eu fazia apenas uma parte do processo."[9]

Cobots são bons para a ergonomia humana também. Em uma fábrica da BMW, na Carolina do Sul, EUA, engenheiros analisaram seus processos de fabricação de carros e perceberam que um braço robótico leve poderia se encaixar em sua linha de produção. Eles descobriram que o ato de fixação do painel da porta, que protege a fiação elétrica, é mais bem realizado por um cobot. Antes, quando era executado por humanos, essa etapa causava torção no pulso dos funcionários. Além disso, os humanos eram menos consistentes nessa tarefa do que em outras.[10]

Agora, uma pessoa ajusta frouxamente o painel da porta, e, em seguida, a porta se move ao longo da linha até o cobot ao lado, que conclui o trabalho. O cobot é equipado com câmeras e outros sensores para saber quando uma pessoa está por perto. Ao contrário dos tradicionais robôs industriais que executam movimentos fixos repetidas vezes sem a consciência de seu entorno, o cobot, na fábrica da BMW, evita habilmente atropelar pessoas ou entrar em seu caminho. Além disso, esses robôs podem ser reprogramados por não programadores usando um tablet. Não é preciso saber programação. E, por serem leves, podem ser movidos para qualquer lugar em um depósito e executar várias tarefas, dependendo da necessidade.[11]

O sistema humano-robô, então, atua como um extensor da capacidade de trabalho das pessoas, sendo, agora, ele é menos propenso a fadiga ou lesões. De repente, o trabalho em uma fábrica não é mais privilégio de trabalhadores em seu auge físico. A incorporação, como demonstrada nos sistemas humano-robô que muitos fabricantes estão usando, está abrindo mais oportunidades de emprego: algumas pessoas que já podem ter descartado o trabalho manual como uma opção de trabalho — por causa da idade ou condição física — tornam-se novamente aptas ao trabalho em colaboração com os cobots.

Uma dinâmica colaborativa semelhante está em exibição nos armazéns. Nos centros de processamento da Amazon, prateleiras cheias de mercadorias parecem deslizar de forma independente pelos corredores do depósito até um trabalhador humano que aguarda a entrega. As prateleiras são transportadas por atarracados robôs rolantes designados a levar as mercadorias para o funcionário, que retira os itens das prateleiras e os coloca em uma caixa para o envio. A visão computacional ajuda os robôs a saber onde estão no depósito, os sensores impedem que colidam e os algoritmos de aprendizado de máquina os ajudam a determinar os melhores trajetos e qual é o preferencial em um depósito cheio de outros robôs. O trabalhador humano não precisa mais andar quilômetros por dia para buscar as mercadorias para embalagem.

Em outro exemplo de incorporação, os drones estão sendo testados para fornecer assistência médica, sob demanda, às partes remotas de Ruanda, fora do alcance de opções médicas tradicionais. Uma empresa chamada Zipline é pioneira na tecnologia, objetivando combater uma das principais causas de morte — a hemorragia pós-parto — entregando sangue para transfusão.[12]

Os drones se tornaram uma aplicação particularmente interessante da IA: a visão computacional e os algoritmos inteligentes processam o vídeo em tempo real, permitindo que as pessoas ampliem sua capacidade de visão e de alcance pelo ar e ao longo de quilômetros de terrenos potencialmente intransitáveis.

Em um projeto semelhante ao Zipline, o Médicos Sem Fronteiras experimentou usar um pequeno drone quadricóptero de uma empresa chamada Matternet. O drone levava amostras de laboratório de pacientes com suspeita de tuberculose de centros de saúde remotos em Papua Nova Guiné para um grande hospital para exames.13 Outra organização chamada Wings for Aid está usando drones não tripulados para entregar suprimentos em áreas de difícil acesso depois de um desastre natural.14 No curto prazo, pelo menos, parece que algumas das maneiras mais eficazes de implementar robôs são com os humanos. Os robôs são especializados em trabalhos pesados e são excelentes em tarefas repetitivas. As pessoas são boas em se adaptar rapidamente, fazer julgamentos e usar as mãos para manipular fios, tecidos e outros materiais delicados. A colaboração entre os dois está mudando a maneira como as indústrias pensam sobre as pessoas e os processos.

Da Substituição de Tarefas à Mudança no Processo

Em todas as três categorias do lado direito do meio-campo ausente — amplificação, interação e incorporação — vemos que a IA oferece melhorias significativas ao modo como as pessoas trabalham e lhes proporciona novos superpoderes. Combine isso com as três categorias do lado esquerdo do meio-campo ausente — treinamento, explicação e apoio, que destacam as maneiras como os humanos melhoram a eficácia da IA — e começamos a ver a próxima mudança.

O Meio-campo Ausente

Para aproveitar todo o potencial de um ambiente de trabalho composto de humanos e máquinas, as organizações precisam reconhecer que essas seis novas formas de trabalho exigem uma reinvenção completa dos processos de negócio. Especificamente, quando um designer hoje é capaz de escolher entre milhares de projetos de cadeiras inesperados e incomuns — todas mantendo importantes requisitos estruturais — é por que a IA foi responsável por abrir um universo de opções criativas que antes não existiam. Quando uma montadora consegue reinventar sua fábrica, de modo que pessoas e robôs trabalhem em conjunto, a IA não apenas facilitou a criação de carros altamente personalizados em escala, exigindo um designer que possui o treinamento e as habilidades necessárias para aproveitar essa liberdade, como também transformou essencialmente a linha de montagem em um espaço de trabalho colaborativo entre robôs e humanos.

Em algumas situações, como acontece com os técnicos que usam displays heads-up para a instalação elétrica de caixas de turbinas eólicas, essas inovações conseguem reduzir o tempo necessário para que o trabalho seja executado em um terço. Mas, em outros, como a da Stitch Fix, mencionada na introdução da Parte 2, modelos de negócios inteiramente novos estão surgindo na onda das tecnologias IA. Quando a IA amplifica os trabalhadores, não vemos apenas pequenos e incrementais aumentos de receita ou ganhos de eficiência. Vemos trabalhadores mais seguros e engajados, capazes de fazer bem o que fazem melhor. Nas organizações, a amplificação da IA abre a possibilidade de repensar fundamentalmente os processos de negócio para descobrir ganhos ocultos, estimular os funcionários e inventar novos modelos de negócios para esta nova era. Mas quais são as implicações gerenciais das empresas que implantam essas inovações? Como você treina e educa as pessoas para os novos tipos de interação no local de trabalho? Que novas habilidades são necessárias para trabalhar bem com a IA? Os próximos dois capítulos analisam essas e outras questões através das lentes do quadro MELDH. O Capítulo 7 enfoca a mentalidade, a experimentação, a liderança e os dados, e o Capítulo 8 se concentra nas habilidades.

7

O Guia do Líder para Reinvenção do Processo

Cinco Passos para Começar

Nos primeiros dois capítulos, demos um mergulho profundo no meio-campo ausente — em como, de um lado, humanos estão construindo e gerenciando máquinas e, de outro, as máquinas estão efetivamente atribuindo superpoderes aos humanos. O conceito do meio-campo ausente reforça nosso pensamento sobre como humanos e máquinas funcionam melhor juntos na era da IA; ele é essencial para a reinvenção dos processos de negócio. Mas a grande questão permanece: *Quais são os passos reais para reinventar os processos de negócio?* Como os gerentes devem proceder?

Com base em nossas observações de empresas na vanguarda da implementação de tecnologias avançadas de IA, descobrimos as cinco principais práticas de gerenciamento. Embora ainda estejamos nos primórdios da transformação de negócios orientada por IA, acreditamos que essas práticas ofereçam um caminho a seguir. As cinco práticas são os componentes do quadro MELDH descrito na introdução. Vamos nos concentrar nas quatro primeiras aqui:

- Os executivos devem adotar a *mentalidade* adequada, com foco não apenas em melhorar, mas em reinventar completamente os processos de negócio e a forma como o trabalho é executado.

- Eles precisam promover uma cultura de *experimentação* de IA que permita que percebam rapidamente como e em que a tecnologia pode mudar um processo, e em que faz sentido aumentar a escala e o escopo de um processo.

- Eles devem exercitar a *liderança* adequada na promoção da IA responsável, gerenciando as questões éticas, legais e de confiança que acompanham a IA, considerando as consequências sociais de algumas mudanças no processo.

- Os executivos precisam reconhecer a importância crucial dos *dados*, não apenas os dados da própria empresa que habilitam a IA, mas também o panorama mais amplo dos dados disponíveis.

Em suma, este capítulo enfoca a parte "MELD" de nosso quadro MELDH (e no próximo capítulo vamos nos concentrar na parte do "H", de *habilidades*). Traremos exemplos de como as empresas líderes estão implementando as quatro práticas e, ao longo do caminho, ofereceremos orientação para gestão e liderança com o objetivo de implementar a IA de uma forma que promova o crescimento em longo prazo. Nosso quadro vai além do que é tipicamente encontrado em metodologias de transformação de TI e negócios, abordando especificamente a IA avançada e seus problemas, incluindo aqueles que tendem a ser negligenciados, como cultura corporativa, ética, confiança do consumidor e confiança dos funcionários.

O Guia do Líder para Reinvenção do Processo

1. Mentalidade: Imagine como os Processos Podem ser

A reinvenção requer uma mentalidade completamente diferente — "uma ruptura com o mundo que assumimos como definitivo", parafraseando o pesquisador de tecnologia Shoshana Zuboff.[1] São exatamente essas "rupturas" com o modo como as coisas são feitas atualmente que permitem às empresas imaginarem novos modelos de negócios e desenvolverem inovações revolucionárias. Ou seja, quando as pessoas simplesmente aceitam um processo existente como definitivo e, em seguida, usam a IA para automatizá-lo, obtêm pequenas melhorias incrementais. Para alcançar ganhos de desempenho em maior escala, é preciso antever essas rupturas — novas formas de como o trabalho pode ser realizado — e, em seguida, descobrir como implementar a IA para transformar essas rupturas em realidade. Para atingir esse objetivo, recomendamos que os executivos usem este método de três etapas: descobrir e descrever, cocriar e escalonar, e sustentar.

Descobrir e Descrever

Ao tentar reinventar um processo, é natural que as pessoas fiquem presas à maneira antiga de fazer as coisas, o que dificulta a visualização de como elas podem ser. Para evitar isso, é preciso sempre ter em mente a diferença entre os processos de negócio tradicionais versus a nova abordagem de IA. Nossa pesquisa mostra que os resultados não são mais lineares, mas exponenciais. A mudança não é mais episódica e conduzida pelo homem; é autoadaptável, baseada em informações em tempo real advindas de humanos e máquinas. Os papéis não se limitam apenas a posições somente de humanos e somente de máquinas, também devem incluir trabalho colaborativo no meio-campo ausente. E as decisões não ocorrem apenas quando o trabalho é realizado por pessoas, também devem acontecer quando humanos e máquinas colaboram.

Com essa nova perspectiva, os executivos podem começar a descobrir e descrever como seria um processo reinventado. Um meio eficaz é implantar uma metodologia como *design thinking* ou design empático para identificar as verdadeiras necessidades do usuário de um produto ou processo. O objetivo é transformar a experiência do cliente em um novo produto ou serviço para atender a essas necessidades. De particular importância são quaisquer "pontos sensíveis" na experiência do cliente. Ao identificar primeiro essas áreas problemáticas, os gerentes podem pensar em maneiras de resolvê-las usando IA e dados em tempo real. Muitos desses pontos sensíveis podem não ter sido viáveis ou nem mesmo passíveis de resolução no passado — o custo de uma solução pode ter sido proibitivo ou as capacidades técnicas inexistentes. Hoje, porém, dado o estado avançado das tecnologias de IA, as empresas podem agora ser capazes de resolver os mesmos problemas que as atormentaram no passado.

Oportunidades para processos de reinvenção podem surgir tanto dentro como fora da organização. O ponto sensível pode ser um processo interno complicado e demorado (por exemplo, um departamento de RH com uma demora excessiva para preencher os cargos vagos) ou um processo externo frustrante e demorado (por exemplo, clientes que precisam preencher uma infinidade de formulários para que sua seguradora aprove um procedimento médico). Muitas vezes, a identificação dessas oportunidades para a reinvenção dos processos é iterativa.

Considere o caso de uma grande empresa agrícola que estava desenvolvendo um sistema de IA para ajudar os agricultores a melhorarem suas operações. O sistema teria acesso a uma enorme quantidade de dados de uma variedade de fontes, incluindo informações sobre propriedades do solo, dados meteorológicos históricos etc. O plano inicial era criar um aplicativo que ajudasse os agricultores a prever melhor a safra de suas plantações para as próximas estações. No entanto, depois de mais pesquisas e observações, a empresa descobriu uma questão mais urgente com que os sistemas de IA eram capazes de lidar: os agricultores desejavam recomendações adaptativas em tempo real. Eles queriam conselhos específicos e acionáveis, como quais plantações cultivar e onde, o quanto de nitrogênio colocar no solo, e assim por diante. Tendo descoberto o verdadeiro ponto sensível dos agricultores, a empresa desenvolveu um sistema e testou-o em cerca de mil plantações. Os resultados iniciais foram promissores, resultando em agricultores satisfeitos com as safras de suas plantações. Os dados desse teste inicial foram, então, usados para melhorar os algoritmos.

A lição aqui é que a identificação de oportunidades para reinvenção leva tempo — os executivos precisam captar o contexto atual dos negócios, extrair insights de várias observações e identificar o potencial impacto do valor do processo reinventado. Uma pessoa que trabalhou nesse sistema de recomendação de culturas recebeu o seguinte conselho: "Você precisa ser extremamente curioso e paciente até ter certeza de que absorveu conhecimento de domínio suficiente, bem como uma adequada compreensão dos dados disponíveis."

Deve-se notar que a própria IA pode ser muito útil para ampliar os poderes de observação de uma pessoa na identificação de padrões de oportunidades que antes estavam ocultos nos dados. Um gerente poderia, por exemplo, usar algoritmos avançados de aprendizado de máquina para examinar centenas de fontes de dados, incluindo e-mails de clientes, postagens de mídia social e escape digital para identificar como a reinvenção dos processos poderia ser mais eficaz na remoção de um importante ponto sensível do cliente. (No Capítulo 3, discutimos o uso da inteligência artificial no aprimoramento dos poderes de observação da empresa.)

Cocriar

Identificar oportunidades para reinventar processos é uma coisa, colocá-las em prática requer algo a mais: a capacidade de vislumbrar o trabalho no meio-campo ausente. Para desenvolver novos modelos mentais de como o trabalho pode ser feito, os executivos devem incentivar a cocriação entre as partes interessadas envolvidas.

Coloque-se, por exemplo, no lugar de um técnico em uma concessionária Audi, nos EUA, que se depara com um problema de motor que não consegue resolver. Seu próximo passo seria ligar para a linha de ajuda técnica da Audi of America. Essa linha de ajuda abrange cerca de 8 mil chamadas por mês de mais de 290 revendedores em todo os EUA. Na maioria das vezes, os técnicos remotos podem solucionar problemas por telefone. Mas, em cerca de 6% dos casos, um técnico especializado precisa ir pessoalmente à concessionária, diz Jamie Dennis, diretor de qualidade de produtos e serviços técnicos da Audi. A solução é eficaz, mas não exatamente eficiente. O tempo de viagem pode demorar entre duas horas a dois dias. Enquanto isso, o cliente espera.[2]

O problema é que a necessidade de técnicos especializados não desaparecerá tão cedo. Mesmo que os carros estejam cada vez mais confiáveis, também estão cada vez mais complexos digitalmente, o que significa que os mecânicos agora também precisam ser especialistas em TI. A combinação de maior confiabilidade e maior complexidade, significa que a maioria dos técnicos de revendedores não tem muitas oportunidades para resolver alguns dos problemas técnicos mais desafiadores que surgem em modelos mais novos. Embora isso ajude a explicar por que os clientes, ocasionalmente, precisam esperar horas (ou dias) para que seus carros sejam consertados, não ajuda a apaziguar a frustração dos clientes. Então, qual é a melhor maneira de treinar mecânicos? Existe uma maneira melhor de enviar técnicos especializados para as concessionárias remotas para minimizar os tempos de espera dos clientes?

A Audi encontrou a resposta através da cocriação no meio-campo ausente. A empresa distribuiu uma frota de robôs de telepresença chamada Audi Robotic Telepresence (ART), que não apenas ajuda a treinar técnicos em diagnósticos e reparos, mas também acelera o tempo necessário para fazer os reparos. É um exemplo de amplificação de funcionários com treinamento habilitado por IA, combinado com um processo totalmente novo. Com o ART, o técnico especializado não precisa viajar; em vez disso, sua voz e rosto são transmitidos por quilômetros até os alto-falantes e monitores de alta resolução da ART. O técnico especialista, em seu escritório, controla remotamente um robô que desliza, gira, vê, ouve e desliza ao lado de um técnico no local enquanto ele examina embaixo do capô. O robô móvel possui vários sensores de visão para garantir uma operação segura, o que ajuda a estabelecer um senso de confiança com os humanos com os quais trabalha.

Além disso, a rede de comunicação de vídeo e voz entre o especialista e o técnico é suportada pela IA nos bastidores para melhorar a colaboração entre o mecânico e o técnico remoto, roboticamente incorporado. É quase tão bom quanto ter alguém olhando por cima de seu ombro enquanto você insere um boroscópio em um cilindro do motor para verificar o desgaste. O técnico especializado pode, em tempo real, oferecer conselhos sobre como melhorar as técnicas de diagnóstico e reparo. Técnicos de concessionárias aprendem conforme a demanda exige; o conhecimento especializado pode ser aplicado instantaneamente em todo o país; e os clientes esperam menos pelo conserto de seus carros. Essa solução inovadora foi possível graças à cocriação, envolvendo técnicos especializados, mecânicos e tecnólogos de IA. Durante todo o projeto piloto, por exemplo, protocolos padrão precisaram ser modificados, e os técnicos ajudaram fornecendo feedback contínuo para o que estava funcionando e o que não estava.

Escalonar e Sustentar

A etapa final do processo de reinvenção requer que os executivos escalonem a solução e a sustentem com melhorias contínuas. A Audi, por exemplo, começou em junho de 2014 um programa piloto experimental para a ART, executado em 68 concessionárias. Graças ao sucesso desse esforço, em 2016, a empresa planejava lançar os robôs em todas as suas concessionárias nos EUA até o final daquele ano.[3] Outra abordagem é testar internamente um novo sistema com os funcionários para descobrir todos os obstáculos antes de implementar a aplicação externamente para os clientes. Essa foi a estratégia do banco sueco SEB quando desenvolveu sua assistente virtual, Aida, que, como vimos no Capítulo 2, foi inicialmente implementada como uma agente de help desk para auxiliar os 15 mil funcionários do SEB antes de ser apresentada para um milhão de clientes do banco. A mesma estratégia foi utilizada com a Amazon Go, o qual tratamos na próxima seção.

2. Experimentação: Imagine um Experimento

Em Seattle, há uma loja de conveniência em que você pode entrar, pegar um suco verde e sair. Não há um caixa para cobrar a compra. Você sequer precisa passar por um quiosque de check out automático. Em vez disso, as câmeras monitoram os clientes, assim como os itens removidos das prateleiras. Sua garrafa de suco carrega um sensor incorporado que conversa com seu telefone, debitando o valor de sua conta. E, assim, o processo de compra de mantimentos tornou-se automatizado. A loja chama-se Amazon Go e, até o segundo semestre de 2017, estava atendendo a um número limitado de pessoas — funcionários da Amazon, principalmente — como forma de provar o conceito de que é possível fazer compras em lojas físicas quase tão facilmente quanto clicar na opção Compre Agora do site da Amazon.[4]

A Amazon Go é, claramente, um exemplo de um experimento arrojado de varejo e também ressalta outra coisa: a Amazon estimula uma cultura de experimentação. Isso permite que ideias malucas floresçam. Ela projeta, financia e executa testes. Muitas dessas tentativas fracassarão, mas isso não é importante. "Eu, literalmente, gastei bilhões de dólares em fracassos na Amazon.com", diz Jeff Bezos. "O que importa é que as empresas que não continuam experimentando ou não aceitam o fracasso acabam ficando em uma posição em que a única coisa que conseguem é fazer uma aposta desesperada já no final de sua existência corporativa. Não acredito nas apostas do tipo tudo ou nada."[5] Em vez disso, Bezos acredita firmemente no incrível poder da experimentação. (Para conhecer outro exemplo de experimentação em um ambiente de varejo, veja o box "Caos Controlado".)

Construir-Medir-Aprender

As tecnologias que impulsionam a Amazon Go — visão computacional, fusão de sensores e aprendizado profundo — são sistemas, em grande parte, em desenvolvimento. As limitações incluem câmeras que têm problemas em rastrear frutas e legumes avulsos nas mãos de um cliente e dificuldade em reconhecer um cliente com um boné ou um lenço que esconda o rosto. Esses comportamentos, de forma inadvertida ou propositada, enganaram o sistema durante o teste da Amazon Go, em Seattle. Mas a única maneira de possibilitar o avanço da tecnologia é explorar seus limites. Então, como um quebra-galho para assegurar o controle de qualidade, a Amazon designa pessoas para assistirem aos vídeos e examinarem as imagens para garantir que as câmeras estejam rastreando itens e cobrando os clientes adequadamente (lembra as funções de treinadores e apoiadores, não é mesmo?). A loja é um exemplo

O Meio-campo Ausente

de processos automatizados com humanos no circuito, com o objetivo de melhorar um sistema para executar de forma mais precisa e autônoma antes que seja implantado para uma ampla base de clientes.

A empresa decidiu não apenas testar o conceito internamente, mas também lançar uma loja com alto volume de tráfego. De forma criteriosa, selecionou os próprios funcionários como o mercado de teste. Seus funcionários, já imersos no uso de mínimos produtos viáveis e técnicas de testes A/B para entender as necessidades dos clientes, fornecem feedback útil e, ao contrário dos clientes regulares, não são desestimulados se a tecnologia ocasionalmente falhar. As empresas que implementaram Amelia, da IPsoft, a assistente de IA, usaram abordagens semelhantes: os funcionários passaram a usar a tecnologia internamente à medida que os obstáculos eram resolvidos; somente mais tarde, quando um certo nível de controle de qualidade foi alcançado, o sistema foi implementado para os clientes.

A Amazon mostra que é sagaz no modo como seus administradores aplicam sua IA mais avançada e em como seus treinadores e apoiadores ajudam a implementá-la e testá-la. Por fomentar uma cultura de experimentação, Bezos tem uma arma secreta em inovação: um grande número de funcionários que se sentem à vontade trabalhando no meio-campo ausente e gerentes que sabem como lidar com a incerteza advinda do novo terreno.

O Guia do Líder para Reinvenção do Processo

Caos Controlado

A Loja nº 8 do Walmart é uma "incubadora", um lugar que abriga engenheiros e inovadores que testam novas tecnologias — como robótica, realidade virtual e aumentada, aprendizado de máquina e tipos de inteligência artificial — relevantes para os negócios do Walmart. Anunciada em março de 2017, a Loja nº. 8 funcionará de muitas maneiras, como qualquer outra incubadora de startups, experimentando ideias e ajudando as empresas a "pivotarem" enquanto conceitos são experimentados e fracassam. De acordo com Marc Lore, fundador da Jet.com, uma empresa adquirida pelo Walmart em 2016 por US$3 bilhões, os negócios e inovações criados na Loja nº 8 "serão isolados do resto da organização e apoiados pelo maior varejista do mundo".[a] Em outras palavras, terá os recursos financeiros de uma corporação gigante e a liberdade, distante da burocracia de uma grande cultura corporativa, de uma startup. A Loja nº 8 planeja facilitar as colaborações com startups externas, capitalistas de risco e acadêmicos para desenvolver uma linha patenteada de robótica, realidade virtual e aumentada, aprendizado de máquina e tecnologia de inteligência artificial. E tem carta branca para isso.[b]

a. Laura Heller, "Walmart Launches Tech Incubator Dubbed Store Nº. 8", *Forbes*, 20 de março de 2107, https://www.forbes.com/sites/lauraheller/2017/03/20/walmart-launches-tech-incubator-store-no-8/.

b. Phil Wahba, "Walmart Is Launching a Tech Incubator in Silicon Valley", *Fortune*, 20 de março de 2017, http://fortune.com/2017/03/20/walmart-incubator-tech-silicon-valley/.

Nomeada em homenagem ao centro de Arkansas, onde o fundador do Walmart, Sam Walton, tinha a fama de avaliar novas ideias, a Loja nº 8 é um lembrete de que Walton reverenciava a coleta de dados sobre suas lojas e a experimentação de novas ideias. No entanto, à medida que as empresas crescem em tamanho, especialmente se foram criadas antes que as tecnologias digitais revolucionassem o mercado, acabam frequentemente em uma posição desconfortável para agir rapidamente e adotar novas tecnologias, como a IA. Com o desenvolvimento da incubadora interna, o Walmart parece reconhecer a dificuldade e a importância de inserir a experimentação em sua organização. De fato, a aquisição da Jet.com, uma varejista online, foi principalmente uma tentativa de incorporar a cultura digital na estrutura corporativa preexistente. E, no processo, a Loja nº 8 está criando um ambiente em que os testes são encorajados e as apostas são grandes, mas ninguém está apostando no tudo ou nada.

A Amazon também usou o *soft launch* para entender os limites das expectativas dos clientes nos dilemas entre a estranheza, a privacidade e a facilidade de uso. Quando anunciou pela primeira vez a loja, muitas publicações de tecnologia notaram que houve certa estranheza em ter sua identidade e cada movimento monitorado e registrado ao entrar em uma loja. Mas se outros produtos da Amazon, como o Echo, servem como indicadores, os clientes logo se acostumam a ser monitorados, especialmente em um contexto limitado, em que sentem que têm algum controle sobre a situação. Com o Echo, por exemplo, as pessoas sabem que suas conversas não são gravadas, a menos que usem as palavras de despertar, "Alexa", "Amazon", "Echo" ou "Computer". Além disso, o apli-

O Guia do Líder para Reinvenção do Processo

cativo Alexa fornece um registro das conversas gravadas, que os clientes podem deletar.

A rápida adoção do Echo demonstra a velocidade com que as pessoas adotam novas normas em torno da tecnologia, especialmente se sentem que estão recebendo um bom valor e têm a sensação de ter algum controle. Controles de usuários semelhantes e interfaces transparentes eventualmente desempenham um papel na Amazon Go também.

Nas lojas Amazon Go, planejadas para ter de 10 mil a 40 mil metros quadrados, os clientes podem optar por fazer compras online e ir até a loja para buscar ou comprar em uma loja para uma experiência tradicional de loja de conveniência. Lojas de conveniência podem ser um negócio complicado, e considerar a possibilidade de automatizar partes da experiência na loja exige uma boa compreensão de quais tarefas são melhores para os trabalhadores humanos, quais são melhores para as máquinas e quais estão prontas para esforços colaborativos. Atualmente, a Amazon está tentando descobrir a combinação exata de recursos humanos e de máquinas. A empresa informou que o número de funcionários nas lojas da Amazon Go permanecerá o mesmo que em uma loja de conveniência regular, apesar de não precisar de caixas, por isso, ainda veremos que novos papéis humanos serão criados.[6]

A era dos processos de negócio padronizados acabou: as empresas não desejam mais replicar o melhor processo de um líder do setor. É por isso que a experimentação é fundamental. Para competir, os gerentes devem adaptar processos às idiossincrasias dos próprios negócios. O problema, no entanto, é que processos sob medida exigem que os gerentes e líderes estejam mais conscientes de sua força de trabalho e cultura em geral, para que saibam como e quando implementar experimentos. Para obter adesão dos funcionários, por exemplo, os líderes precisam fornecer objetivos claros e não desestimular erros ou equívocos. Afinal, na ciência, um experimento que não sustenta a hipótese não é chamado de fracasso, e sim de dado.

3. Liderança: Imagine uma Cultura Misturada de Pessoas e Máquinas

Para muitas empresas, um grande desafio de liderança é estabelecer uma cultura organizacional que promova a IA responsável. Isso pode ser difícil de conseguir, porque muitas pessoas têm uma desconfiança inerente à tecnologia, e esses medos podem ser exacerbados pelas ansiedades do local de trabalho em relação à destituição de empregos. Para ajudar os funcionários a se sentirem mais confortáveis com seus colegas de IA, os gerentes precisam usar os papéis e interações encontrados nos dois lados do meio-campo ausente. As habilidades dos treinadores, explicadores e apoiadores são absolutamente cruciais, como veremos mais adiante. Mas é igualmente importante promover experiências positivas com a amplificação da IA. Deixe claro para os funcionários que você está usando a IA para substituir tarefas e reinventar processos. Demonstre que as ferramentas de IA podem amplificar os funcionários e tornar o trabalho cotidiano menos tedioso e mais envolvente.

Enquanto isso, porém, eis o que as empresas estão enfrentando. Ao discutir a segurança dos veículos autônomos, Gill Pratt, executivo-chefe do Toyota Research Institute, disse aos legisladores, no congresso em 2017, que as pessoas estão mais dispostas a perdoar erros cometidos por humanos do que por máquinas.[7] Pesquisas confirmam a inconsistência e a ambiguidade com que confiamos nas máquinas. Um artigo de 2009 relatou que, quando as pessoas achavam que seus relatórios de ações vinham de um especialista humano, suas estimativas de preço eram mais propensas a serem influenciadas do que se achassem que as informações vinham de uma ferramenta de previsão estatística. Outro artigo de 2012 descobriu que as pessoas presumiam que as decisões médicas, vindas de médicos, eram mais precisas e éticas do que as tomadas por um computador. Mesmo ver evidências em contrário tende a não influenciar as opiniões. Um estudo de 2014 descobriu que "as pessoas perdem mais

O Guia do Líder para Reinvenção do Processo

rapidamente a confiança em preditores algorítmicos do que em humanos, depois de os ver cometerem o mesmo erro". Naquele mesmo ano, três pesquisadores da Universidade da Pensilvânia cunharam o termo que descreve o desejo das pessoas de confiar em outros seres humanos em vez de em máquinas: "aversão ao algoritmo".[8]

O mercado financeiro pode ter uma das culturas de negócios mais avançadas em termos de interação com algoritmos. No entanto, mesmo nele, a aversão ao algoritmo continua a ser um obstáculo fundamental. Leda Braga, da Systematica, lançou a empresa de gestão de investimentos em 2015, concentrada exclusivamente em negociação algorítmica. Mesmo que Braga admita que ainda existem papéis para humanos no mercado de ações — por exemplo, investidores ativistas e vendedores a descoberto, cujo trabalho é baseado em profunda pesquisa sobre os fundamentos e as equipes de gestão das empresas — eles estão desaparecendo. Ela acredita que o futuro das finanças está na automação. Enquanto isso, a abordagem da Systematica encontra resistências, diz ela, dentre elas a preferência de humanos por tomadores de decisão humanos. "O obstáculo é a aversão ao algoritmo", diz Braga. Ela afirma que para muitas aplicações: "Todos nós preferimos que humanos façam o trabalho por nós, mesmo quando fazem um trabalho pior... Temos que ser mais racionais."[9]

Obviamente, um pouco de aversão é bom. Nossa pesquisa, assim como um estudo recente do Pew Center, sugere que os gerentes devem estimular um equilíbrio ponderado de ceticismo e aceitação em meio às complexas mudanças provocadas pela IA.[10] Isso ajuda a destacar alguns dos pontos positivos, como a forma como os bancos podem ter dados mais completos para ajudar a conceder empréstimos com menos preconceitos, enquanto no passado o preconceito de um banqueiro poderia impedir as pessoas de se qualificarem devido a raça, sexo ou código postal. Os prestadores de serviços de saúde também estão notando como a IA pode reduzir os custos quando a empregam para desonerar ou escalonar cer-

O Meio-campo Ausente

tas tarefas que os médicos não conseguiriam administrar para tantos pacientes quanto gostariam.

É claro que ainda estamos descobrindo exatamente o que a IA pode e não pode fazer e como ajustá-la melhor aos processos de negócio. Portanto, é inútil confiar cegamente em qualquer IA na mesma medida. O julgamento humano sólido continua sendo uma parte crucial da implementação da IA.

Contudo, de bots de software a braços robóticos de múltiplas articulações, a IA infiltrou-se nos negócios de uma maneira que está mudando as descrições dos cargos e redefinindo os organogramas. Então, como é possível fomentar uma cultura de confiança que se estenda até os colegas robôs? Uma maneira é experimentar com IA e treinar para isso, como discutimos na seção "Experimentação" deste capítulo. Então, quando uma solução estiver pronta para a estreia, você também poderá implementar algumas das ferramentas e técnicas básicas a seguir para ajudar a fomentar a confiança e um pouco mais de racionalidade.

Estabeleça Salvaguardas

Uma abordagem é implementar salvaguardas em um processo baseado em IA. Elas proporcionam aos gerentes ou aos líderes controle sobre resultados que podem não ser intencionais. Um exemplo é o chatbot da Microsoft chamado Tay. Em 2016, Tay foi apresentado no Twitter como um robô capaz de aprender com interações com outros usuários do Twitter. Em poucas horas, ele foi treinado para tuitar linguagem vulgar, racista e sexista, e seus criadores rapidamente o removeram da web.[11] Quais proteções a Microsoft poderia ter usado? Os filtros de palavras-chave ou de conteúdo ou um programa que monitorasse sentimentos poderiam ter fornecido alguma proteção. Da mesma forma, na indústria, é bom conhecer os limites do que sua IA tem e do que não tem permissão para fazer. Certifique-se de que os outros também conheçam os limites. Em uma organização, geralmente, o apoiador pergunta sobre os limites, restrições e consequências não intencionais da IA, e, em seguida, desenvolve as salvaguardas para manter o sistema no caminho certo. Salvaguardas, portanto, reforçam a confiança do trabalhador na IA.

Use Postos de Checagem Humanos

Noventa e dois por cento dos tecnólogos de automação não confiam totalmente em robôs. Parte do problema é a incerteza humana em torno do que o robô está "pensando" ou planejando fazer em seguida — o fato de a máquina ser uma caixa-preta inescrutável. Esses mesmos tecnólogos (76%) sugerem que a melhor solução é usar algum tipo de saída visual que forneça análises e um painel com outras métricas.[12] É uma solução simples que pode reduzir a obscuridade do sistema — e manter os humanos firmemente no circuito. Aqui, o papel do explicador é fundamental. Mesmo que a integridade da mente de um sistema de IA não possa ser conhecida, alguns insights sobre seu funcionamento interno podem ser muito benéficos. Os explicadores devem entender o que é útil para as pessoas verem em uma visualização e o que é importante para o sistema compartilhar.

Minimize as "Zonas de Deformação Moral"

Para serviços como a Uber, a Lyft e o Mechanical Turk, da Amazon, o software baseado em IA está amplificando algumas funções de gerenciamento: distribui tarefas, fornece feedback e classificações e ajuda as pessoas a rastrear o progresso em direção às metas. O gerenciamento aprimorado por IA é uma inovação necessária para que os modelos de negócios dessas empresas possam escalonar e empregar centenas de milhares de pessoas em todo o mundo. Mas, embora o gerenciamento

O Meio-campo Ausente

possa se desonerar de certas atividades, não pode se livrar da responsabilidade subjacente de como elas são administradas.

Essa questão é complexa, exigindo que os gerentes sejam deliberados e cuidadosos com suas escolhas de design. À medida que os gerentes aprimorados pela IA reconfiguram o relacionamento entre a liderança da empresa, os funcionários, a sociedade e as empresas precisam estar cientes das consequências maiores, mais impactantes e potencialmente não intencionais que acompanham essas mudanças. Precisamos de novos mecanismos para garantir que as pessoas não recebam o impacto quando os gerentes aprimorados por IA falharem. No entanto, para desenvolver esses mecanismos, primeiro precisamos entender o conceito da "zona de deformação moral".

Em um carro, a zona de deformação é a parte do veículo que foi projetada para receber impactos, de modo que seja menos provável que o motorista seja gravemente ferido. Com certos tipos de sistemas de gerenciamento de IA, são as pessoas — funcionários e clientes — que sofrem quando o sistema falha. Isso corrói a confiança.

As etnógrafas Madeleine Clare Elish e Tim Hwange cunharam a expressão "zona de deformação moral". Em suas pesquisas, viram que, em nosso mundo digital, o controle de certos serviços, como o compartilhamento de caronas, foi distribuído entre vários agentes humanos e não humanos, mas as concepções sociais e legais de responsabilidade permanecem recaindo apenas sobre o indivíduo.

Em um relatório de 2016, Elish fornece um exemplo da zona de deformação moral em ação.[13] Ela havia chamado um serviço de compartilhamento de caronas para levá-la ao aeroporto de Miami. O motorista selecionou a primeira opção fornecida pelo aplicativo de mapas para o aeroporto de Miami, e lá foram eles. Elish adormeceu e quando acordou descobriu que seu motorista, que era novo na plataforma, a levara para um local a 20 minutos do terminal de passageiros do aeroporto. Para

O Guia do Líder para Reinvenção do Processo

levar Elish ao aeroporto a tempo para seu voo, o motorista precisava cancelar a viagem prestada por meio do aplicativo e basicamente oferecer uma viagem gratuita para Elish, embora ele não tivesse a obrigação de fazê-lo. Mas foi o que ele fez, e Elish conseguiu pegar o avião a tempo.

Nesse cenário, o serviço falhou com o motorista e com o cliente, mas não havia uma maneira direta de registrar a experiência negativa. As principais opções de feedback eram para o motorista e o passageiro avaliarem um ao outro. Mas de quem foi a culpa de o aplicativo ter fornecido um endereço incorreto, o motorista não saber para onde estava indo e Elish ter adormecido e não corrigido o curso no meio do caminho?

Elish explica a zona de deformação moral:

O ser humano, em um sistema altamente complexo e automatizado, pode se tornar simplesmente um componente — acidental ou intencional — que carrega o peso das responsabilidades morais e legais quando o sistema, em geral, não funciona bem. A metáfora da zona de deformação moral não se refere apenas ao bode expiatório. O termo destina-se a chamar a atenção para as formas como sistemas automatizados e autônomos desviam a responsabilidade de maneiras únicas e sistemáticas. Enquanto a zona de deformação em um carro é destinada a proteger o motorista humano, a zona de deformação moral protege a integridade do próprio sistema tecnológico.[14]

Para plataformas de multidões gerenciadas por algoritmos, os operadores humanos também podem se tornar "esponjas de responsabilidade", obtendo um feedback ruim de um cliente quando, na verdade, a culpa é do sistema, por exemplo. Além disso, eles arcam com o ônus das despesas com seus carros — o seguro, o combustível, o desgaste e, ao mesmo tempo, absorvem a responsabilidade do aplicativo se algo der errado com seu veículo.

O Meio-campo Ausente

Aqui estão alguns modos de resolver as atuais deficiências. Primeiro, crie maneiras de os algoritmos serem responsáveis e identificarem as causas para que possam ser corrigidas. A responsabilidade não é apenas dos trabalhadores humanos. Segundo, dê aos trabalhadores humanos no sistema a capacidade de contrariar a IA. Confie que os trabalhadores têm julgamentos e fornecem contexto valioso e que são capazes de oferecer garantia de qualidade para o serviço. Terceiro, permita que sistemas de classificação sejam usados para algoritmos ou máquinas, não apenas para humanos. Quarto, encontre continuamente onde surgem os pontos de desalinhamento entre controle e responsabilidade. Para resolver completamente os problemas que surgem do desenvolvimento de sistemas que levam a zonas de deformação moral e esponjas de responsabilidade, as empresas precisam despender um esforço significativo para realinhar valores e normas culturais.

Considere as Questões Legais, Psicológicas e Outras

Inicie uma conversa contínua com o departamento de conformidade. A IA pode ajudar na conformidade — extraindo relatórios, organizando dados —, mas ela também representa desafios. Às vezes, sistemas de IA adaptáveis produzem respostas imprevistas. Saiba como a IA se encaixa nos protocolos de gerenciamento de risco existentes e onde reforçar os protocolos para acomodar um tomador de decisões dinâmico de IA. Os papéis do lado esquerdo do meio-campo ausente — instrutor, explicador e apoiador — são valiosos nesse processo.

De modo mais geral, quando você proporciona aos funcionários a capacidade de modificar o resultado de um sistema de IA — o que permite que eles se sintam agentes de um processo, e não simplesmente engrenagens —, eles tendem a confiar mais facilmente na IA. Imagine um engenheiro que esteja procurando um aumento modesto e atingível

O Guia do Líder para Reinvenção do Processo

de 2% na produção de um poço de petróleo. Ele pode usar o software de IA para obter esse aumento, ajustar os parâmetros do software e monitorar de perto o resultado. Ele pode desempenhar o papel de um apoiador, por exemplo, para se certificar de que o software está funcionando como deveria. Então, quando alcança seu objetivo com a ajuda da IA, também está aprendendo a confiar no sistema. Como mostra a pesquisa, dar aos usuários algum controle sobre o algoritmo os tornam mais propensos a sentirem que o algoritmo é superior e a continuarem a usar o sistema de IA no futuro.[15]

No entanto, nem sempre é possível controlar os algoritmos atuais. Pense na tarefa complicada de atribuir leitos hospitalares aos pacientes. Uma empresa desenvolveu um modelo digital de leitos hospitalares e um esquema de alocação de pacientes. Um hospital eficiente tem 70% ou 80% de seus leitos em uso a qualquer momento; mas, com o software, um hospital pode alcançar 90% ou mais. Os gerentes implantaram o software em um hospital, esperando o ganho teórico de 10% a 15%; mas, em vez disso, obtiveram zero de melhoria. Após a investigação, eles descobriram que o que estava em ação era a dinâmica das pessoas. Por exemplo, uma enfermeira, que trabalhava com os mesmos médicos em determinada ala, há muito tempo confiava em sua experiência para tomar decisões. Então, quando surgia uma recomendação para a alocação de um paciente, a enfermeira simplesmente a ignorava, não confiando em que o algoritmo pudesse fazer melhor.[16]

Como os gerentes ajudaram as enfermeiras a aprender a confiar na IA? Simplesmente explicando por que colocar um certo paciente em um determinado leito era uma boa escolha. (Um explicador poderia participar do projeto da interface do software, por exemplo, para incluir uma breve explicação ou justificativa para as alocações de leito.) Os gerentes descobriram que, sem receber uma explicação, as pessoas são mais propensas a confiar no julgamento humano do que na recomendação de um algoritmo. Ao mesmo tempo, os gerentes descobriram que precisavam dar alguma margem de manobra na alocação de leitos, permitindo que eles também tivessem poder de decisão.[17]

No geral, então, para estimular a confiança nos sistemas de IA, os líderes precisam permitir que aqueles que trabalham com sistemas desenvolvam participações nos resultados e tenham uma sensação de controle sobre o funcionamento interno do sistema, como no exemplo do engenheiro de petróleo. Idealmente, os sistemas de IA devem ser projetados para oferecerem explicações sobre suas decisões e ajudarem as pessoas a manterem alguma autonomia de tomada de decisão, como no exemplo do leito hospitalar. O desenvolvimento de processos fundamentalmente baseados na confiança exige tempo e experimentação, mas estudos de caso mostram que, se todas as partes forem confiáveis — humanos, máquinas, e humanos e máquinas trabalhando juntos —, os resultados serão melhores para todos.

4. Dados: Imagine um Cadeia de Suprimentos de Dados

Bons dados são, antes de tudo, fundamentais para a IA. Em essência, são o combustível elementar que a alimenta. Para fornecer o combustível necessário, imagine os dados como uma cadeia de suprimentos de ponta a ponta. Com isso, queremos dizer uma maneira fundamentalmente nova de pensar sobre dados, não como um processo estático gerenciado separadamente em silos em toda a organização, mas como uma atividade dinâmica em toda a empresa para capturar, limpar, integrar, curar e armazenar informações. Como os dados serão consumidos por aprendizado de máquina, aprendizado profundo e outras aplicações de IA, devem ser ricos (em termos de variedade, qualidade e utilidade), e grandes (em termos de maior volume). É importante lembrar que os sistemas de IA são treinados em ciclos de feedback, de modo que os algoritmos melhoram em conjunto com a qualidade e a quantidade de dados. Em outras palavras, os sistemas serão tão bons quanto os dados que foram usados para os treinar. Como tal, as empresas devem se concentrar nos papéis do meio-campo ausente que ajudam a capturar dados e prepará-los para análise. Esses papéis são cruciais porque os vieses nos dados podem ter sérias consequências, levando a resultados distorcidos e decisões equivocadas. Hoje, cerca de 90% do tempo das pessoas que treinam aplicativos de IA são gastos em preparação de dados e engenharia de recursos, em vez de escrevendo algoritmos.[18]

Embora essa seja a quarta prática de gerenciamento, a conscientização de dados é o que eventualmente possibilita a ação — e ação é a palavra de ordem. Aqui estão os nossos itens de ação.

Pense Dinamicamente

As cadeias de suprimento de dados devem ser dinâmicas, em constante evolução e continuamente alimentadas por dados em tempo real. Diversas novas tecnologias, incluindo as de captura de dados (sensores), armazenamento, preparação, análise e visualização, podem permitir que as empresas adquiram e consumam dados de novas maneiras.

Tomemos como exemplo a Ducati, a designer e fabricante italiana de motocicletas de alta performance. A divisão de equipes de corrida da empresa — a Ducati Corse — queria encontrar uma maneira mais rápida, mais barata e mais eficiente de testar suas motos de corrida, e recorreu à IA. O sistema de teste inteligente consiste em um mecanismo analítico que implanta ferramentas de aprendizado de máquina e de visualização de dados que fornecem uma interface de usuário intuitiva. Até 100 sensores de IoT nas motos ajudam a fornecer uma variedade de dados em tempo real, incluindo velocidade de rotação, temperaturas de freio e assim por diante.[19]

Toda essa tecnologia de última geração permite que os engenheiros de teste interajam facilmente com o sistema para experimentar insights e investigar como uma moto funcionará em diferentes pistas sob várias condições climáticas. Agora, os engenheiros conseguem obter mais resultados com menos sessões de teste na pista, o que economiza tempo, esforço e dinheiro. E, graças aos dados e modelos, o sistema conseguiu fornecer predições de desempenho cada vez mais precisas.

Obviamente, construir uma cadeia de suprimento de dados dinâmica, como a da Ducati Corse, exige um esforço e recursos consideráveis, mas você pode dar início à sua reinvenção do processo em uma escala muito menor. Embora os dados possam ser grandes e estar cada vez maiores, as empresas devem se concentrar em lidar com projetos iniciais bem definidos, de pequena escala, com seus dados. Escolha um resultado simples para começar, um em que a IA possa ajudá-lo a atingir metas práticas.

Tempo, o aplicativo de calendário, adotou essa abordagem. O aplicativo para iPhone usa dados do próprio telefone, como mídia social, e-mail, localização e muito mais, para "aprender" sobre eventos. Em seguida, ele fornece aos usuários do iPhone apenas as informações do evento no momento certo. O Tempo gerencia um universo de dados complicados, mas a empresa manteve sua meta simples fornecendo apenas dados sobre eventos.[20] Não se intimide pela escala dos dados que encontrar. Concentre-se em desafios simples de IA primeiro e siga em frente a partir daí.

Amplie o Acesso e Aumente a Variedade

À medida que seus pequenos experimentos de IA crescem, trabalhe para garantir que sua cadeia de suprimento de dados seja composta de fontes de dados distintas e prontamente acessíveis.

Atualmente, os gerentes podem até ter acesso a dados que não controlam ou possuem. Por exemplo, se uma rede regional de supermercados quiser analisar suas transações diárias do último mês, ela deverá ir além dos números em seu banco de dados. Muitas empresas já rastreiam o sentimento em sites de mídia social; também analisam dados no contexto de clima, características dos compradores, acontecimentos nos noticiários ou praticamente qualquer nova dimensão de dados imaginável — se eles puderem localizar os dados relevantes. Às vezes, você pode recorrer a provedores de dados como serviço ou fontes abertas de dados (grátis para qualquer um usar como quiser).

Por exemplo, a Beiersdorf, fornecedora global de produtos de cuidados com a pele, está usando os próprios dados internos e dados publicados por empresas de pesquisa como a Nielsen para fornecer insights aos membros da diretoria — em um ato de amplificação — sobre o desenvolvimento de vários produtos e marcas. A empresa planeja automatizar esse processo, levando a insights mais precisos e mais rápidos.[21]

À medida que as empresas trabalham para aumentar a variedade de suas fontes de dados, elas devem estar cientes de quaisquer barreiras ao fluxo dessas informações. Alguns desses obstáculos podem ser técnicos (por exemplo, a infraestrutura organizacional é insuficiente para gerenciar grandes volumes de dados), enquanto outros podem ser sociais (especificamente, a crescente desconfiança pública à medida que as empresas acumulam e compartilham quantidades cada vez maiores de dados pessoais).

Aumente a Velocidade

Alguns dados são rápidos: por exemplo, notícias de um desastre natural súbito. Esses dados importantes e sensíveis em termos de tempo precisam ser acelerados em toda a cadeia de suprimentos. Dados lentos, por outro lado, são menos relevantes e podem ser muito menos úteis. Historicamente, os profissionais de TI abordaram o problema de dados de velocidade mista, dando preferência a dados "quentes", que são acessados com frequência e salvos em sistemas de alto desempenho para recuperação rápida. Por outro lado, dados "frios" — registros fiscais, por exemplo — podem ser armazenados em servidores menos velozes.

O Facebook reconhece como priorizar seus dados e remodelar seus processos de acordo. Por exemplo, a rede social descobriu que 8% de todas as fotos do Facebook correspondiam a 82% de seu tráfego de rede. As fotos, ao que parece, diminuem em popularidade com o tempo. O Facebook desenvolveu uma solução de armazenamento de dados com três níveis. Seu software de IA rotula fotos e as armazena no nível apropriado. As mais populares são armazenadas em servidores de alto desempenho e podem ser acessadas instantaneamente, enquanto as menos populares são armazenadas em servidores de economia de energia, um pouco mais lentos. Dessa forma, a satisfação do cliente não é afetada, e a empresa economiza em custos com energia.[22]

Possibilite a Descoberta

Que tipo de conversa você está tendo com seus dados? Somente analistas e cientistas de dados se beneficiam de ferramentas de análise? Seu objetivo deve ser extrair insights, de modo que qualquer pessoa, especialmente usuários de negócios menos técnicos, possa aproveitar a história que os dados estão tentando contar.

A Ayasdi está democratizando a descoberta, fornecendo software útil para cientistas de dados e líderes empresariais não técnicos. Um de seus clientes, o Texas Medical Center (TMC), concentra-se na análise de conjuntos de dados de alto volume e alta dimensão, como dados de pacientes com câncer de mama. Em minutos, o software é capaz de identificar um novo subconjunto de sobreviventes com certas características comuns que podem ser importantes.[23] O TMC planeja usar as ferramentas da empresa para várias aplicações, desde a análise de dados clínicos e genômicos até o reaproveitamento de drogas.[24] O sucesso do TMC mostra que vale a pena encontrar ferramentas de análise que democratizem a descoberta para que você possa recrutar um grupo diversificado de funcionários especializados para ajudá-lo a desenvolver suas experiências de dados e recriar seus processos.

Ocupe o Meio-campo Ausente

Uma cadeia de suprimentos de dados requer mais do que apenas tecnologias avançadas e um fluxo de boas informações. Além disso, os executivos devem projetar funções específicas no meio-campo ausente para desenvolver e gerenciar o sistema.

Observe que os ciclos de feedback da IA criam círculos virtuosos e dinâmicos de aprendizado e aprimoramento. Como tal, os treinadores são obrigados a desenvolver um currículo para ajudar as máquinas inteligentes a melhorarem ao longo do tempo através desses ciclos de feedback de dados e algoritmos. Os treinadores do Google, por exemplo, estão trabalhando para melhorar a capacidade dos sistemas de processamento de linguagem natural de reconhecer dialetos locais. Nesse projeto, os treinadores já coletaram 65 mil pontos de dados de 30 palavras (ou seja, diferentes maneiras como as pessoas pronunciam essas palavras específicas).[25]

Além desses treinadores, também são necessários explicadores e apoiadores como os humanos no circuito, a fim de evitar vieses na cadeia de suprimento de dados. Muitos processos de IA já possuem mecanismos integrados para ajudar a melhorar um sistema. Quando você toma uma rota diferente da sugerida pelo Waze, por exemplo, essa informação ajuda a refinar esse algoritmo para fazer recomendações melhores no futuro. Mesmo assim, os vieses podem facilmente se infiltrar em um sistema. O software usado para prever o comportamento criminoso futuro de réus, por exemplo, mostrou-se tendencioso contra os réus negros.[26] Assim, as empresas que implementam IA avançada sempre precisarão de explicadores e apoiadores para garantir o funcionamento adequado desses sistemas. Para lidar com vieses de dados e outras questões relacionadas, o Google lançou a iniciativa PAIR (People + AI Research) e a empresa lançou um conjunto de ferramentas opensource que podem ajudar as organizações a obter uma visão melhor dos dados usados por seus sistemas de IA.[27]

As empresas também devem considerar a nomeação de um *encarregado pela cadeia de suprimento de dados*. Esse indivíduo seria o principal apoiador da organização, supervisionando todos os outros papéis de apoiadores. O responsável pela cadeia de suprimento de dados teria a responsabilidade de construir uma cadeia de suprimento de dados integrada de ponta a ponta e precisaria resolver os vários problemas envolvidos. Onde estão os silos de dados? Como podemos simplificar o acesso a dados? Quais estão sendo subutilizados e como podemos acessar dados "escuros" valiosos?

Novo Jogo

Obviamente, reinventar um processo de negócio não é uma questão simples, e, com certeza, muitas empresas tropeçaram em suas tentativas. No entanto, inúmeras empresas também obtiveram sucesso, resultando em melhorias notáveis em seus negócios. Pelo que constatamos, o que separa os dois grupos é a adesão a quatro práticas fundamentais, cada uma delas correspondendo diretamente aos princípios de nosso quadro MELDH. O quadro fornece uma abordagem abrangente para a implementação de sistemas avançados de IA, levando em consideração questões importantes, como cultura organizacional, treinamento de funcionários e confiança dos funcionários, que são frequentemente negligenciadas — ou inesperadas.

Especificamente, para ter sucesso na reinvenção do processo, os executivos devem primeiro ter a *mentalidade* adequada para vislumbrar novas maneiras de realizar o trabalho no meio-campo ausente, usando IA e dados em tempo real para observar e abordar os principais pontos sensíveis. Eles devem, então, focar a *experimentação* a fim de testar e refinar essa visão, ao mesmo tempo construindo, medindo e aprendendo. Durante todo esse processo, porém, eles precisam considerar como construir a confiança nos algoritmos. Isso leva à *liderança* — gerentes que promovem a IA responsável, promovendo uma cultura de confiança para a IA através da implementação de salvaguardas, a minimização de zonas de deformação moral e outras ações que abordam as questões legais, éticas e morais que podem surgir quando esses tipos de sistemas são implantados. E, por último, mas certamente não menos importante, a reinvenção do processo requer *dados*, e as empresas precisam desenvolver cadeias de suprimento de dados que proporcionem um fornecimento contínuo de informações de uma ampla variedade de fontes. Tudo isso, então, representa a parte MELD do nosso quadro MELDH.

No próximo capítulo, exploramos o novo conjunto de habilidades de fusão para pessoas na era da IA. Por "fusão" queremos dizer a combinação de capacidades humanas e de máquinas no meio-campo ausente que permite às empresas reinventar processos. Essa é a parte essencial das *habilidades* do quadro MELDH, e aprenderemos como as mudanças nas habilidades necessárias para o sucesso terão um impacto no futuro do trabalho em si.

8

Estendendo a Colaboração Humano + Máquina

Oito Novas Habilidades de Fusão para um Ambiente de Trabalho de IA

Imagine que você seja um funcionário de manutenção em uma usina de energia e acabou de ser notificado de um desgaste inesperado dentro de uma turbina. Se o sistema de notificação for executado pelo software Predix, da GE, que emprega o conceito de gêmeo digital, você deve ouvir um alerta falado em voz alta como uma voz computadorizada: "Operador, uma mudança na minha missão está causando danos ao rotor da minha turbina."

Então, você pede detalhes e o computador divulga estatísticas que descrevem o funcionamento da turbina nos últimos 6 meses. O sistema também informa que o dano aumentou 4 vezes, e, se continuar, o rotor perderá 69% de sua vida útil. Se você estiver usando um headset de realidade aumentada, o computador mostrará exatamente onde ocorreu o dano no rotor, marcando a região com uma barra vermelha de alerta.

Dez anos atrás, você teria sorte se conseguisse pegar esse tipo de dano em uma verificação de manutenção de rotina. O pior cenário — mas também o mais provável — é que ninguém detectasse o dano até que o rotor quebrasse e a turbina parasse. Mas agora, com sensores incorporados em componentes e instalações, e com software que permite que as empresas modelem tudo digitalmente e digitalizem o status das operações, é possível detectar o problema antes que ele exija um reparo maior ou cause uma paralisação cara.

Com o dano identificado, você pergunta ao computador como consertá-lo e o sistema fornece opções de manutenção, incluindo uma que automaticamente e de forma adaptativa reduza o estresse no rotor, modificando a maneira como ele é usado. Essa recomendação é baseada em dados históricos, dados de frota e previsões do tempo, entre outros fatores, e o sistema tem 95% de confiança em suas suposições. Mas, antes de tomar uma decisão, você pergunta sobre custos e o computador informa que o curso recomendado, de modo geral, economizará custos com combustível e eletricidade, e que, em última análise, você economizará cerca de US\$12 milhões evitando uma interrupção não planejada. Convencido, após uma conversa de dez minutos com um computador, você instrui o sistema a prosseguir com a opção recomendada.[1]

O que acabou de acontecer? O software habilitado por IA da GE transformou um trabalho de manutenção padrão em algo totalmente diferente do que era há apenas 5 anos. É o tipo de implementação de IA que não apenas agiliza as tarefas, mas, em sua essência, permite que os funcionários, gerentes e executivos reinventem completamente os processos e o que significa trabalhar.

Em nossa pesquisa, vemos um forte reconhecimento e aceitação da noção de que o trabalho está mudando de maneiras novas e profundas. Em nossa pesquisa global Accenture Research acerca do Futuro do Trabalho, feita em colaboração com o Fórum Econômico Mundial, descobrimos que 64% dos trabalhadores reconhecem que o ritmo da mudança está se acelerando como resultado das novas tecnologias, como a IA. E, enquanto quase todos (92%) acreditam que a próxima geração

Estendendo a Colaboração Humano + Máquina

de habilidades no local de trabalho será radicalmente diferente, a maioria (87%) acredita que novas tecnologias, como a IA, melhorarão sua experiência de trabalho nos próximos cinco anos. Além disso, 85% dos trabalhadores estão dispostos a investir seu tempo livre nos próximos anos para aprender novas habilidades, enquanto outros 69% valorizam as oportunidades de treinamento prático em que o treinamento é relevante para as futuras necessidades digitais da empresa.[2]

Mas o que será relevante em um mundo em que a próxima geração de habilidades necessárias tem pouca relevância para as do passado?

Em nosso trabalho e pesquisa, coletamos evidências de pelo menos oito *habilidades de fusão* (o "H" no nosso quadro MELDH) de que os trabalhadores precisarão. Cada habilidade é baseada na fusão de talentos humanos e de máquinas dentro de um processo de negócio para criar melhores resultados do que trabalhar de forma independente. Obviamente, o que é diferente de outras épocas de interação homem-máquina é que as máquinas estão aprendendo com você ao mesmo tempo que você com elas, criando ciclos de aprimoramento contínuo de desempenho do processo.

No caso do funcionário de manutenção da GE, seria preciso ter uma capacidade de fazer perguntas inteligentes à máquina em vários níveis de abstração. Nós chamamos isso de habilidade *interrogatório inteligente*. Como o funcionário de manutenção usando o gêmeo digital da GE, você iniciaria seu interrogatório com o rotor danificado, mas escalonaria rapidamente, fazendo perguntas sobre operações, processos e preocupações financeiras. Você não é apenas um especialista em rotor; com a ajuda do gêmeo digital, você se tornou um especialista em um sistema muito mais complexo; seu conhecimento de "como as coisas funcionam" tornou-se cada vez mais importante.

Descrevemos cada uma das oito habilidades de fusão para orientar gerentes e trabalhadores na criação e no desenvolvimento de uma força de trabalho capaz de prosperar no meio-campo ausente (veja a Figura 8-1). Três dessas habilidades possibilitam às pessoas ajudarem as máquinas (o lado esquerdo do meio-campo ausente); outras três permitem que as pessoas sejam amplificadas por máquinas (o lado direito do meio-campo ausente); e as duas últimas ajudam as pessoas a trabalharem com habilidade em ambos os lados. Embora essas habilidades estejam relacionadas a novas formas mais profundas de interação homem-máquina, não exigem conhecimentos em aprendizado de máquina, programação ou outras áreas técnicas. Em vez disso, exigem humanos sensatos e ansiosos para adaptar essas habilidades fundamentais às necessidades específicas de seus negócios.

FIGURA 8-1

Habilidades de fusão para o meio-campo ausente

Atividades híbridas de humanos e máquinas					
Humanos complementam as máquinas			IA proporciona superpoderes aos humanos		
TREINAR	EXPLICAR	APOIAR	AMPLIFICAR	INTERAGIR	INCORPORAR
Reumanização do tempo			Interrogatório inteligente		
Normalização Responsável			Aprimoramento baseado em bot		
Integração de julgamento			Mistura holística		
Aprendizagem recíproca					
Reinvenção incansável					

HABILIDADE DE FUSÃO Nº 1: *Reumanização do tempo*

Definição: A capacidade de aumentar o tempo disponível para tarefas distintamente humanas, como interações interpessoais, criatividade e tomada de decisão em um processo de negócio reinventado.

No início da era industrial, as pessoas tinham que se acostumar a trabalhar no tempo da máquina. Ou seja, elas precisavam seguir o ritmo das linhas de montagem e de outros processos automatizados. Em seguida, a ideia de tempo da máquina foi transferida para escritórios, à medida que a tecnologia da informação e os computadores se tornaram parte integrante dos processos de negócio nos anos 1990. A industrialização e as tecnologias digitais mudaram radicalmente a quantidade de tempo que as pessoas passavam trabalhando, escreve Marina Gorbis, do Institute for the Future. Um camponês britânico, no século XIII, trabalhava cerca de 1.600 horas por ano. Um operário do Reino Unido, na década de 1990, trabalhava cerca de 1.850 horas por ano. E um banqueiro de investimento em Nova York, hoje, trabalha perto de 3 mil horas. "Ao ampliar nossas capacidades, [as máquinas] definem novas expectativas para o que é possível e criam novos padrões e necessidades de desempenho", escreve Gorbis. "Antes de criarmos as máquinas de lavar louça, não esperávamos que nossos copos estivessem impecavelmente limpos, nem achamos que o chão sem pó fosse necessário até introduzirmos aspiradores de pó em todas as casas. Nossas ferramentas nos transformam."[3]

Como o tempo está mudando novamente no alvorecer da fusão homem-máquina? Descobrimos que está surgindo uma nova habilidade que permite uma nova maneira de pensar sobre o tempo e o trabalho. A reumanização do tempo, na verdade, permite que as pessoas redirecionem habilmente seu tempo para atividades mais humanas, como aumentar a satisfação do cliente, realizar reparos mais complexos em máquinas e conduzir pesquisas básicas criativas.

A medicina, em particular, é uma área em que a reumanização do tempo pode ter ramificações significativas. Hoje o esgotamento médico está crescendo. De acordo com um estudo de 2015, 46% dos médicos, em 2011, relataram pelo menos um sintoma de *burnout*, e, em 2014, esse número saltou para 54%. Há sérias consequências quando os médicos estão esgotados ou deprimidos: eles são mais propensos a cometer erros de entrada de dados ou outros, que levam a resultados ruins.[4]

Para reduzir a síndrome de *burnout*, o Centro Médico da Universidade de Pittsburgh (UPMC) e a Microsoft se uniram para ver se a IA pode ajudar. Tal Heppenstall, tesoureiro da UPMC, suspeita que os problemas atuais de *burnout* sejam atribuídos ao aumento dos registros médicos digitais, o qual exige que os médicos passem mais tempo realizando a entrada de dados do que vendo os pacientes. "O que eles sentem e o motivo pelo qual estão esgotados é o fato de se tornarem escravos do computador, e não deveria ser assim", diz Heppenstall.[5]

A parceria UPMC-Microsoft tem como objetivo usar ferramentas de IA, como o processamento de linguagem natural, para ouvir conversas entre médicos e pacientes, e transferir algumas dessas informações para formulários e registros médicos. Seria como ter um assistente tomando notas de prontidão em cada consulta, algo que poucos médicos têm.

No Intel AI Day, em 2016, especialistas da Clínica Mayo, Penn Medicine, Kaiser Permanente e Cigna se reuniram para discutir como a IA poderia transformar a medicina. Surpreendentemente, os palestrantes concordaram que ela é a ferramenta ideal para reduzir a carga de tarefas mecânicas atribuídas aos médicos. A IA é capaz de ajudar a ler raios X e ressonâncias magnéticas; encontrar riscos elevados de insuficiência cardíaca, que, por estarem enterrados nos registros médicos, um exame de rotina pode deixar passar; ajudar a identificar sinais cancerígenos que podem passar despercebidos. Todos esses insights devolvem aos médicos preciosos minutos de interação pessoal com seus pacientes.[6]

Estendendo a Colaboração Humano + Máquina

É claro que a IA alterará significativamente o conceito intrinsecamente ligado de trabalho e tempo, mas o que não está claro é como o tempo extra que a IA proporciona será usado. Na AT&T, a IA recuperou horas perdidas nos dias dos funcionários ao criar oportunidades em diversos sistemas. Isso libertou os vendedores para dedicarem mais tempo ao desenvolvimento de relacionamentos com clientes, em vez de pesquisarem os bancos de dados. Mas, se os gerentes e CEOs continuarem operando no paradigma do tempo da máquina, as cargas de trabalho provavelmente aumentarão. Os médicos continuarão a ver mais pacientes; o pessoal do atendimento ao cliente responderá a mais reclamações e comentários; os mecânicos consertarão mais robôs do que nunca.

Provavelmente haverá alguns aumentos de produtividade, mas, realmente, reinventar os processos significa que as empresas precisam considerar onde o tempo de seus funcionários é mais lucrativo. Faz mais sentido oferecer mais treinamento de funcionários? Que tal permitir atividades voluntárias ou de responsabilidade social, que poderiam beneficiar as comunidades locais e ser boas para a marca da empresa? O que se sabe é que poucas pessoas fazem seu melhor trabalho quando operam incessantemente no limite de sua produtividade. Assim, à medida que a IA muda a natureza da interação homem-máquina, a reumanização do tempo lembra-nos que temos uma oportunidade de aumentar a eficácia e o bem-estar dos funcionários, junto da produtividade.

HABILIDADE DE FUSÃO Nº 2: *Normalização responsável*

Definição: O ato de moldar com responsabilidade o propósito e a percepção da interação homem-máquina no que se refere a indivíduos, negócios e sociedade.

É surpreendente a rapidez com que você é capaz de se acostumar a andar em um carro autônomo. Na primeira vez que vê o volante girando sozinho, você pode estremecer, mas na segunda curva tudo começa a parecer normal. Muitas pessoas que viajam em carros autônomos, rapidamente concluem que a direção é uma tarefa muito complexa e perigosa para as pessoas exercerem. Infelizmente, os carros autônomos ainda não são amplamente distribuídos e, em muitos lugares, ainda são mal compreendidos.

Há uma lacuna entre o uso de tecnologias de IA e sua ampla aceitação e compreensão. É para preencher essa lacuna que a habilidade de normalização entra em jogo. Normalizar é modelar de forma responsável a maneira como as pessoas entendem as colaborações entre humanos e máquinas, assim como a percepção geral delas. Muitas vezes é mais valioso quando os robôs são introduzidos em espaços públicos como estradas, hospitais, restaurantes de fast-food, escolas e lares de idosos. A normalização requer um subconjunto de outras habilidades — compreensão de humanidades, habilidades STEM* [ciência, tecnologia, engenharia e matemática], espírito empreendedor, perspicácia em relações-públicas e consciência de questões sociais e comunitárias.

Os carros autônomos estão despontando no horizonte há algum tempo. No início dos anos 2000, a DARPA** organizou uma série de Grandes Desafios para estimular os pesquisadores a desenvolverem veículos robóticos capazes de disputar corrida entre si. O esforço da DARPA foi um dos primeiros passos na popularização de carros sem motoristas. Avançando para hoje, a Tesla oferece o Autopilot em seus carros e a Audi lançou seu A7 Sportsback, apelidado de Jack, que é programado para dirigir com características humanas, desacelerando ou acelerando para deixar outro carro entrar na pista. A Audi, em particular, tem uma campanha publicitária para normalizar o conceito de seus sistemas de "direção pilotada". A montadora apresenta a direção pilotada como uma

---

* Em inglês, STEM: Science, Technology, Engineering and Mathmatics.

** Em inglês, DARPA: Defense Advanced Research Projects Agency.

Estendendo a Colaboração Humano + Máquina

colaboração homem-máquina, que reconhece que nenhum carro hoje é capaz de dirigir sozinho o tempo todo. Ao mesmo tempo, a tecnologia do carro está lá para ajudar. "Ao apresentar nossas atividades na área de direção pilotada, antes sempre tivemos o foco principal em tecnologia e desempenho", diz Michael Finke, chefe do departamento de criação internacional da Audi. "Estamos agora abordando o assunto de um ponto de vista emocional completamente diferente."[7]

Os CEOs terão um papel significativo na normalização das tecnologias de IA para o público. Neste momento, o público é, em grande parte, neutro em IA, embora muitas pessoas operem com suposições baseadas no binário humano versus máquina. Por causa disso, um grande evento — como uma criança atropelada por um carro sem motorista ou motoristas de caminhão em greve contra a ameaça dos caminhões autônomos — cria uma crise de confiança na tecnologia como um todo. Os CEOs devem antecipar a resistência — compreendendo as necessidades e preocupações das comunidades afetadas pelas mudanças provocadas pela IA — e encontrar maneiras de amenizar o conflito.

A normalização é igualmente importante quando se apresenta uma nova IA aos funcionários. Um efeito da normalização é que os CEOs devem desenvolver uma tese clara sobre o futuro do trabalho. Os funcionários — um ativo fundamental em qualquer organização — podem se tornar aliados na normalização da tecnologia se sentirem que os executivos e a gerência lidam com suas preocupações e se tiverem alguma opinião sobre o assunto. Um executivo de telecomunicações disse-nos que, quando a IA chegou à organização, o objetivo era claramente usá-la para fazer com que os atuais funcionários tivessem mais sucesso, não para os demitir. "O gerenciamento está contando uma boa história sobre a IA como um meio de aumentar a receita e economizar nos custos a fim de ampliar o negócio e torná-lo mais competitivo", diz ele. "Assim... um bolo maior significa que as pessoas deslocadas pela IA são capacitadas novamente e se mudam para outras áreas do negócio à medida que se expande."

HABILIDADE DE FUSÃO Nº 3: *Julgamento integrado*

Definição: A habilidade baseada em julgamento para decidir um curso de ação quando uma máquina não tem certeza do que fazer.

Quando uma máquina não tem certeza de como agir ou não tem o contexto ético ou de negócios necessário em seu modelo de raciocínio, as pessoas devem ser inteligentes em detectar onde, como e quando intervir. "Com o aprendizado de máquina, você está realmente desintermediando o julgamento humano e a falha do ser humano na tomada de decisões", diz Adam Wenchel, vice-presidente de inovação de dados do Capital One. "Você está realmente levando-as além, e eu acho que isso é parte de uma mudança que vem acontecendo há algum tempo."[8]

Para reinserir o julgamento humano no circuito, a equipe de Wenchel está aplicando e desenvolvendo habilidades estatísticas e interpessoais. À medida que os modelos de aprendizado de máquina evoluem, aprendem, são retreinados e reutilizados em outros locais da empresa, eles analisam "como eles se desviam de sistemas baseados em regras simples ou de versões anteriores do modelo". Essa avaliação baseada em análises informa aos funcionários onde configurar as salvaguardas, investigar anomalias ou evita inserir um modelo nas configurações do cliente.

No lado da intuição, os funcionários são encorajados a identificar e manifestar preocupações quando algo parece eticamente problemático ou fora dos trilhos. Mesmo quando "seu modelo está retornando resultados muito bons e com precisão muito boa", as pessoas precisam se sentir confortáveis e capazes de intervir e dizer: "Ei, podemos obter grande precisão... mas tenho preocupações de como estamos chegando lá", diz Wenchel.[9]

Apesar de todos os avanços notáveis em IA que temos visto ao longo deste livro, ela ainda apresenta um problema de enquadramento.[10] A IA pode acertar muitas coisas, mas ainda não sabe ler bem as situações e as

Estendendo a Colaboração Humano + Máquina

pessoas. Por causa disso, o julgamento e a efetividade humanos sempre serão um componente-chave para qualquer processo reinventado. Por exemplo, quando a Royal Dutch Shell envia seus robôs para monitorar equipamentos e realizar verificações de segurança em suas instalações remotas no Cazaquistão, isso ainda requer o conhecimento de funcionários que estão à procura de perigos. O robô, chamado Sensabot, é o primeiro de seu tipo aprovado para uso por empresas de petróleo e gás em ambientes potencialmente perigosos. Um trabalhador remoto opera o Sensabot, assistindo a vídeos e julgando os riscos.[11]

Da mesma forma, a especialização humana também continua sendo um componente crucial dos processos reinventados da Caterpillar Inc. Quando uma nova linha de montagem está sendo projetada lá, são necessários engenheiros para "acompanhar" um modelo digital da linha gerado pela IA. O passo a passo virtual permite que os engenheiros busquem problemas na montagem, serviço ou ergonomia desde o início, encontrando possíveis problemas antes que a linha seja construída. Isso permite que especialistas humanos exerçam seu julgamento para resolver quaisquer ambiguidades ou outras questões no início do processo.

HABILIDADE DE FUSÃO N° 4: *Interrogatório inteligente*

Definição: Sabendo a melhor forma de fazer perguntas sobre IA, em vários níveis de abstração, para obter as informações de que você precisa.

Como você testa um sistema massivamente complexo? Como você prevê interações entre camadas complexas de dados? As pessoas simplesmente não conseguem fazer isso por conta própria, então devem fazer perguntas para sua amiga IA. "Gêmeo, qual é seu grau de certeza?", "Gêmeo, o que você recomendaria?" Na GE, os profissionais de manutenção que possuem a habilidade de interrogatório inteligente compreendem as capacidades e limitações do sistema de IA e sabem como obter as informações necessárias para tomar uma decisão informada. Os funcionários jogam com os pontos fortes e não atuam nos pontos fortes da máquina. No processo, a máquina está treinando os humanos em como usá-la ao mesmo tempo em que os humanos a treinam. No final, é o trabalho e a experiência operacional humanos que decidem se deve consertar ou substituir um rotor, por exemplo.

Em nossa pesquisa, vemos o interrogatório inteligente em ação em uma variedade de áreas. Os trabalhadores interrogam de forma inteligente quando otimizam os fretes e cargas de trem, quando investigam compostos de drogas e interações moleculares, e quando tentam encontrar o melhor preço de varejo. O preço de varejo, em particular, oferece um cenário útil para o interrogatório inteligente, graças aos grandes e complexos dados nos bastidores capazes de decidir o sucesso ou fracasso da venda.

Steve Schnur, que administra as operações de varejo em um grande resort, usa a IA da Revionics para otimizar os preços nas lojas de conveniências do resort. Mesmo um pequeno ajuste no preço de Advil ou Band-Aids produz um efeito significativo — algo que teria sido impossível de entender (e por fim controlar) sem a IA e um operador fazendo perguntas inteligentes ao sistema de IA. A equipe de Schnur usa o sistema para encontrar os melhores preços de Advil, Band-Aids, refrigerante e mais, a qualquer momento, sob qualquer número de restrições, com base em relatórios de vendas semanais de cerca de 7 mil itens. Schnur coloca a questão: "Se você aumentar o preço do Advil, o que acontece com o Tylenol?" O sistema pode descobrir a relação entre o Advil e o Tylenol, apesar de serem classificados apenas por unidades de estoque, e mostrar que, por exemplo, da última vez que o preço do Advil subiu 25 centavos, as vendas de Tylenol aumentaram. O sistema também possibilita que Schnur teste decisões sobre preços de outras maneiras, como "mostre as alterações de preços mais benéficas" e "diga quais itens serão

Estendendo a Colaboração Humano + Máquina

menos vendidos com um aumento de preço". Quanto mais inteligentes as perguntas, mais insights ele consegue obter, e melhor a imagem que a IA pode mostrar para ele acerca de suas operações gerais.[12]

Na GE, não são apenas as turbinas e os rotores que são modelados por um software gêmeo digital. O software também está modelando funcionários. Ao modelar os comportamentos e interações dos humanos, o próprio software consegue determinar como otimizar o próprio desempenho. Isso resulta em softwares e equipamentos fáceis de usar que permitem que funcionários iniciantes e novatos aprendam como os usar mais rapidamente.

Com toda essa orientação digital do trabalho, as pessoas podem começar a transferir muita experiência para os sistemas. Bill Ruh, CEO da GE Digital, está ciente dessa possibilidade e enfatiza a importância do julgamento e treinamento humanos que impedem que as habilidades se percam. "Você tem que treinar as pessoas para não deixar que a automação seja seu guia sobre tudo — o bom julgamento humano entra em ação", diz Ruh. "Acho que a ideia do julgamento humano sendo treinado em pessoas, para que a automação não se torne uma muleta para o que eles fazem, é realmente o cenário difícil com o qual lidaremos." O interrogatório inteligente inclui saber quando as saídas não fazem sentido ou que certas entradas de dados podem estar distorcendo os resultados. "Acho que temos que estar cientes de que a máquina não é totalmente poderosa", diz Ruh.[13]

HABILIDADE DE FUSÃO Nº 5: *Capacitação baseada em bots*

Definição: Trabalhar bem com agentes de IA para ampliar suas capacidades e criar superpoderes em processos de negócio e carreiras profissionais.

Por meio da capacitação baseada em bots, as pessoas podem ir além de sua capacidade habitual usando agentes inteligentes no trabalho. Imagine ser um freelancer ou empreiteiro com uma equipe de funcionários à sua disposição, mas seus funcionários são bots digitais, não pessoas. O efeito é que você pode ter o suporte administrativo e operacional típicos de um CEO, e não para uma pessoa que trabalha sozinha. Shivon Zilis, investidor da Bloomberg Beta, escreveu em um artigo de 2016: "Os agentes tornarão isso possível usando uma combinação de algoritmos de aprendizado e mão de obra distribuída para executar uma gama cada vez maior de tarefas a baixo custo. Com a ajuda desses agentes, poderemos parecer tão inteligentes quanto os CEOs de hoje." Zilis continua: "Nós também nos tornaremos mais produtivos. A maioria dos trabalhadores do conhecimento gasta menos da metade do tempo fazendo coisas em que são realmente bons (isto é, as coisas para as quais foram contratados para fazer). O resto do tempo é gasto fazendo pesquisa, organizando reuniões, coordenando outras pessoas e realizando outras minúcias da vida no escritório. Essas tarefas podem ser facilmente realizadas por uma máquina ou por um serviço inteligente."[14]

Há inúmeros bots disponíveis para ajudar as pessoas a se tornarem melhores em seu trabalho. Existem agentes de agendamento, como Clara e x.ai. Existem ferramentas para organizar reuniões regulares para que você possa imitar atividades de "chefe de equipe" com bots na Slack, como Howdy, Standup Bot, Tatsu e Geekbot. Você pode compartilhar atas de reuniões e destacar palavras-chave com ferramentas como Gridspace Sift e Pogo. Você pode melhorar a escrita com o Textio ou o Watson Tone Analyzer, da IBM. E você pode até ter um bot que posta

Estendendo a Colaboração Humano + Máquina

atualizações e fotos em mídias sociais para construir sua marca profissional e pessoal em seu nome com Doli.io. (Para obter uma descrição da capacitação baseada em bots em pesquisas de emprego, consulte o box "Utilizando IA para Encontrar um Emprego".)

Mesmo aqueles que estão no topo da hierarquia corporativa podem usar sistemas de IA para ir além. Marc Benioff, CEO da Salesforce, conta com o produto de IA da empresa, o Einstein Forecasting, em reuniões regulares com sua equipe executiva. A plataforma é capaz de realizar modelagens e previsões sofisticadas, permitindo que Benioff se concentre facilmente no cerne do assunto em questão. "Para um CEO", observa ele, "normalmente, o modo como funciona é que você tem várias pessoas em sua reunião de equipe que estão lhe dizendo o que querem lhe dizer para fazer com que você acredite no que elas querem que você acredite. Einstein não tem preconceitos". Benioff diz que confia na objetividade de Einstein, o que o ajudou a minimizar a política interna de suas reuniões executivas e a prever com mais precisão as vendas. "Ter a orientação de Einstein transformou meu jeito de ser CEO", afirma.[15]

Claro, ter as ferramentas certas é uma coisa; usá-las efetivamente é outra. O problema é que nem todos possuem as habilidades necessárias para montar e implantar um portfólio de bots de maneira ideal para aumentar sua eficácia e produtividade no trabalho.

HABILIDADE DE FUSÃO Nº 6: *Fusão holística*

Definição: A capacidade de desenvolver modelos mentais robustos de agentes de IA para melhorar os resultados do processo.

A primeira cirurgia ocular robótica do mundo foi realizada em 2016 no John Radcliffe Hospital, da Universidade de Oxford. O paciente precisava remover uma membrana cujo crescimento excessivo deformara sua retina. A cirurgia representava um desafio, porque a membrana tinha apenas um centésimo de milímetro de espessura, e um erro danificaria a retina. Normalmente, um cirurgião teria que abrandar sua frequência cardíaca para cuidadosamente fazer as incisões precisas entre as batidas de seu coração. Mas, com a cirurgia robótica, o cirurgião sentou-se em um console e manuseou um joystick. As ferramentas cirúrgicas do robô, que são projetadas para eliminar movimentos instáveis ou trêmulos, permitiram a seu habilidoso operador concluir a cirurgia mais rapidamente e com menos complicações.[16]

Os robôs estão revolucionando a cirurgia, permitindo que os cirurgiões cheguem a órgãos de difícil acesso, realizem cortes precisos e façam suturas em ângulos com destreza anteriormente impossível. Mas a chave para o sucesso dessas cirurgias continua sendo os cirurgiões e sua capacidade de aprender as habilidades necessárias para operar o robô — em essência, a capacidade de projetar suas habilidades cirúrgicas no corpo de uma máquina.

A fusão holística é conhecida por qualquer um que tenha usado uma ferramenta que lhe pareça tão familiar que é como se fosse uma extensão de seu próprio corpo ou mente. A fusão ocorre quando você estaciona seu carro em uma vaga paralela sem assistência (você parece *simplesmente saber* o limite do porta-malas) ou movimenta uma raquete de tênis para fazer contato com uma bola. Cada vez mais, as máquinas estão melhores em se fundir conosco também. Quando você começa a digitar termos de pesquisa, o Google não apenas considera as associações mais populares para o recurso de preenchimento automático, mas também considera sua localização, termos de pesquisas anteriores e outros fatores. Pode parecer que o software está lendo seus pensamentos.

Utilizando IA para Encontrar um Emprego

As habilidades de capacitação baseadas em bot também são úteis para pesquisas de emprego. Se há uma certeza para os trabalhadores nessa era de IA, é que o cenário de trabalho está mudando rapidamente. Posições como cientista de dados, que mal existiam há cinco anos, são agora a última moda. E as posições que se concentram em tarefas de rotina, como entrada de dados, estão desaparecendo rapidamente das listas de empregos. Como as pessoas podem criar caminhos de carreira, encontrar novas oportunidades de treinamento ou aumentar sua presença online ou marca pessoal nas mídias sociais? A resposta é a capacitação baseada em bot.

As buscas e recrutamentos de empregos costumam ser um jogo de números, então você já está atrasado se não automatizou vários elementos desse processo por meio de serviços como o LinkedIn ou assistentes de busca de emprego baseados em IA, como Wade & Wendy ou Ella.

No início de 2017, o LinkedIn facilitou o processo de inscrição para possíveis trabalhos para apenas um clique. A empresa também tornou mais simples para os recrutadores enviar mensagens para funcionários qualificados e em potencial. Ao mesmo tempo, serviços como Wade & Wendy e Ella oferecem uma experiência de busca de emprego totalmente diferente que começa com a interface: um chatbot de conversação artificial. Wade, por exemplo, trabalha como um representante do candidato para encontrar empregos que atendam a seus interesses, habilidades e histórico.

O Meio-campo Ausente

Wendy é a contraparte de RH que automatiza o recrutamento para o candidato certo.[a] Da mesma forma, Ella também é um chatbot que faz perguntas sobre habilidades e cargos desejados. Em seguida, ela procura empregos, incluindo aqueles que não são postados publicamente. A IA refina as pesquisas ao longo do tempo para que os resultados sejam mais direcionados. Sean Paley, vice-presidente sênior de inovação digital da Lee Hecht Harrison, explica os benefícios de serviços como Wade & Wendy e Ella: "Ao automatizar o processo de vasculhar toneladas de dados, os indivíduos poderão se concentrar em componentes mais complexos e personalizados da busca de emprego, como a preparação de entrevistas com um coach de carreira e o networking."[b] A capacitação baseada em bots é um excelente exemplo de uma habilidade que permite que as pessoas se concentrem mais no lado humano da busca de emprego.

Eles também podem ajudar as pessoas a contar uma história mais coerente sobre sua carreira. A comerciante de produtos Esther Crawford estava procurando uma maneira melhor de vender sua imagem profissional. Seu bot, EstherBot, responde automaticamente perguntas sobre histórico de carreira, formação e até mesmo hobbies que os recrutadores podem fazer. "Eu queria usar um bot para contar a história de como eu passei de um mestrado em relações internacionais para ser gerente de

a. Kayla Matthews, "5 Chatbots That Will Help You Find a Job", *Venture Beat*, 22 de junho de 2017, https://venturebeat.com/2017/06/22/5-chatbots-that-will-help-you-find-a-job/.

b. "Lee Hecht Harrison Introduces Ella-the Career Transition Industry's First AI-Powered Digital Career Agent", *PR Newswire*, 8 de fevereiro de 2017, https://www.prnewswire.com/news-releases/lee-hecht-harrison-introduces-ella-the-career-transition-industrys-first-ai-powered--digital-career-agent-300403757.html.

Estendendo a Colaboração Humano + Máquina

produtos para startups"ᶜ, conta Esther. Pessoas com habilidades de capacitação baseadas em bot sabem como e quando usar agentes de IA, como o EstherBot, e são capazes de gerenciar com eficácia um pequeno exército de bots desse tipo.

c. Steven Melendez, "What It's Like to Use a Chatbot to Apply for Jobs", *FastCompany*, 27 de abril de 2016, https://www.fastcompany.com/3059265/what-its-like-to-use-a-chatbot-to-apply-for-jobs.

Na era da fusão homem-máquina, a fusão holística (física e mental) se tornará cada vez mais importante. A reinvenção completa dos processos de negócio só é possível quando os humanos criam modelos mentais de funcionamento de como as máquinas funcionam e aprendem, e quando as máquinas capturam dados de comportamento do usuário para atualizar suas interações. Com a fusão, os processos tornam-se flexíveis, adaptáveis e potencialmente divertidos, como, por exemplo, dançar com um parceiro habilidoso, mudando de vez em quando os papéis de conduzir e seguir.

Uma startup canadense chamada Kindred AI espera que a fusão ajude a treinar seus robôs para realizar tarefas hábeis em velocidades ultrarrápidas. Ela está emparelhando seus sistemas com "pilotos" humanos em headsets de realidade virtual, que possuem dispositivos com sensores de movimento; suas informações de movimento são transmitidas diretamente para os robôs.[17] Nas fábricas da BMW, onde trabalhadores humanos já dividem o espaço com cobots, tanto as pessoas quanto a máquina percebem ativamente seus ambientes e aprenderam a melhor maneira de orquestrar os respectivos movimentos uns dos outros. Os robôs, nesses cenários, atuam como extensões dos próprios corpos dos trabalhadores.

Não existe uma maneira única de facilitar a fusão entre humanos e máquinas, o que torna o trabalho do gerente e o do CEO, de certa forma, mais difícil. As abordagens provavelmente dependerão das necessidades de uma equipe específica e exigirão o método tentativa e erro. Um exemplo da diversidade de abordagens, no entanto, pode ser encontrado dentro das equipes de robôs e humanos que operam os Mars Exploration Rovers, da NASA. Nessas equipes, as pessoas programam um robô para concluir suas tarefas dentro das restrições de equipamento, energia, tempo, memória onboard e instrumentação. De acordo com a etnógrafa de Princeton, Janet Vertesi, para decidir como um robô conclui suas atividades, a equipe deve "decidir como decidir". Na verdade, eles criam a própria organização, códigos de conduta e regras de governo, escreve ela.[18]

HABILIDADE DE FUSÃO Nº 7: *Aprendizagem recíproca*

Definição: (1) Realizar tarefas ao lado de agentes de IA para que eles aprendam novas habilidades; (2) treinar as pessoas de forma prática, para que trabalhem bem nos processos aprimorados por IA.

A assistente de linguagem natural IA, da IPsoft, chamada Amelia aborda funções tão diversas quanto o agente de help desk, o corretor de financiamentos, o especialista em perguntas e respostas para o site, e o call center do conselho de uma cidade britânica. Como um único programa de software pode fazer tanto? Os especialistas humanos treinam Amelia, tanto expressa como tacitamente, para fazer esses trabalhos. Somente através do aprendizado é que a IA como Amelia ou a Cortana da Microsoft conseguem ter sucesso em tantos contextos diferentes; o trabalho futuro exigirá um profundo conhecimento da dinâmica inerente às aprendizagens de humanos e máquinas.

Estendendo a Colaboração Humano + Máquina

Por exemplo, se o aprendizado de máquina é implementado de uma maneira sorrateira, em que os funcionários não sabem explicitamente como que parte ou todo o seu trabalho está sendo usado para treinar máquinas, tanto as máquinas quanto os administradores podem gerar desconfiança. Nos melhores cenários, porém, o aprendizado atua como um remédio contra a ansiedade, a passividade e a sensação de impotência nas interações entre humanos e máquinas. Dê às pessoas algum nível de controle, faça com que se sintam inseridas no desempenho futuro de um sistema ou processo, e elas verão a IA como um colega em vez de um inimigo.

Aprendizagem como uma habilidade de fusão marca uma ruptura distinta da maneira como historicamente gerenciamos a tecnologia. A educação tecnológica, uma aliada tradicional, foi em uma direção: as pessoas aprenderam a usar máquinas. Mas, com a IA, as máquinas estão aprendendo com os humanos, e os humanos, por sua vez, aprendem com as máquinas. Aprendizado significa que os representantes de atendimento ao cliente ou qualquer pessoa que trabalhe em conjunto com um agente de IA atuará como "modelo" para seus colegas digitais. A modelagem de papéis, é claro, exige que o professor tenha habilidades técnicas apropriadas; também requer construir a IA de maneira a ser facilmente treinável; as interfaces são importantes nas aprendizagens de humanos e máquinas.

Amelia, por exemplo, usa uma interface que, nos bastidores, observa e acompanha o comportamento digital de seus operadores humanos — uma espécie de aprendizagem em segundo plano. Além dessa aprendizagem em segundo plano, o software facilita o relacionamento de aprendizado escalonando perguntas que não podem ser respondidas a um colega humano, ao mesmo tempo em que observa como o problema é resolvido. Enquanto o capital de automação tradicional se degrada com o tempo, os ativos inteligentes de automação melhoram constantemente.[19]

É claro que, nas relações de fusão, não apenas as máquinas precisam ser treinadas. A IA está provocando um renascimento no aprendizado humano. Na verdade, o aprendizado para as pessoas será fundamental para preencher a lacuna de habilidades na manufatura de que falamos, que está se acelerando devido à automação inteligente. Programas formais, apoiados pelo governo, como o financiado pelo Apprenticeship Levy, no Reino Unido, serão um teste. As empresas com uma folha de pagamento de mais de 3 milhões de libras terão que pagar um pequeno imposto, que poderão recuperar (além de 15 mil libras e um bônus de 10% para cada libra paga) se usarem o dinheiro para comprar treinamento em aprendizado credenciado. Ou seja, elas podem receber o dinheiro de volta e mais, se contratarem trabalhadores não qualificados e os treinar. O desafio, naturalmente, será o desenvolvimento de treinamento para aprendizado, que provavelmente precisará variar entre os setores e até mesmo de empresa para empresa.

Então, em última análise, cada organização deve ajustar os programas de aprendizado adequados para isso. O CIO de uma empresa de tecnologia financeira observa que a IA perturba as funções de pessoal dentro de uma equipe. Mas, através da reinvenção, o banco foi capaz de encontrar um arranjo de aprendizagem que fizesse sentido para os trabalhadores, máquinas e para os gestores. "Como o banco começou a contratar profissionais com diferentes habilidades e experiência (por exemplo, gerenciamento de dados, ciência de dados, programação e análise) para gerenciar o sistema, o papel dos membros mais antigos da equipe de empréstimos tornou-se o treinamento e suporte ao novo recruta no setor de empréstimos, e fornece o contexto da indústria para seus papéis. O papel deles também passou a fazer parte do ensino do algoritmo de IA para um aprendizado efetivo", diz o CIO.

Essa experiência com aprendizado demonstra algo mais fundamental sobre o trabalho na era dos híbridos humanos-máquinas: uma das características mais importantes, para um trabalhador humano ou de

Estendendo a Colaboração Humano + Máquina

uma máquina, não é necessariamente ter a habilidade exata para um trabalho, mas ser capaz de aprender. "Não seja um sabe-tudo", diz o CEO da Microsoft, Satya Nadella, sobre o assunto. "Seja um aprende-tudo."[20]

HABILIDADE DE FUSÃO Nº 8: *Reinvenção incansável*

Definição: A disciplina rigorosa de criar novos processos e modelos de negócios a partir do zero, em vez de simplesmente automatizar os antigos.

A última — e talvez mais importante — habilidade híbrida é a capacidade de reimaginar a forma como as coisas são atualmente. Em essência, é disso que trata este livro — reimaginar como a IA pode transformar e melhorar o trabalho, os processos organizacionais, os modelos de negócios e até mesmo indústrias inteiras.

Como mencionamos na introdução da Parte 2, a Stitch Fix está reinventando os processos de vendas online e atendimento de pedidos. Da mesma forma, a Capital One é conhecida por seu uso agressivo e implacável de inteligência artificial, computação em nuvem, big data e tecnologia de código aberto, e conquistou várias vitórias significativas. Foi, por exemplo, o primeiro na indústria a lançar funções na Alexa, da Amazon, permitindo que os clientes verificassem seus saldos, pagassem contas e realizassem outras transações nessa plataforma. Mais recentemente, tornou-se o primeiro entre os concorrentes a apresentar o próprio chatbot inteligente voltado para o cliente. Chamada Eno, a tecnologia é equipada com processamento de linguagem natural para lidar com conversas de texto com os clientes. Um aplicativo relacionado implanta o aprendizado de máquina para alertar os titulares de contas sobre transações incomuns que podem indicar fraude.

Para manter sua vantagem em IA, a Capital One estabeleceu recentemente um Centro de Excelência em Aprendizado de Máquina (COE) para estudar como a tecnologia pode ser usada para reinventar a experiência do cliente. Com os funcionários dos escritórios da empresa em Nova York, Virgínia e Washington, DC, o COE analisará como a IA pode ser aplicada para ajudar os clientes a gerenciar melhor seus gastos. O centro também investigará a criação de programas de computador que ajudarão a explicar como um sistema de IA toma decisões. "O objetivo é fazer da Capital One uma companhia de aprendizado de máquinas proeminente", diz Wenchel.[21] A Capital One está indo além de ser uma empresa de serviços financeiros; está se tornando uma empresa de tecnologia. "Estamos em um negócio em que dois dos nossos maiores produtos são software e dados", observa Rob Alexander, CIO da empresa. E essa transformação, de acordo com Alexander, levou a mudanças fundamentais: "É necessário ter uma base de talentos diferente, uma mentalidade diferente e um modelo operacional totalmente diferente."[22]

As mudanças organizacionais para ajudar a mover a Capital One para essa nova era da IA também foram significativas. Como apenas um exemplo, a empresa agora implanta equipes de tecnologia que adotam alguns dos princípios do desenvolvimento de software ágil, em que o objetivo é falhar rapidamente para ter sucesso rápido. A filosofia de gestão de "testar e aprender" é um princípio central na cultura da Capital One. No final de 2014, a empresa estabeleceu o "Garage", um centro de inovação em seu campus em Plano, Texas. (O nome "Garage" refere-se às origens humildes de muitas startups do Vale do Silício.) No centro, os funcionários não recebem ordens específicas, apenas orientação geral para "melhorar massivamente a experiência dos nossos consumidores com o nosso produto".[23]

Esse tipo de compromisso de reinventar incansavelmente processos, funções e conjuntos de habilidades dos funcionários, e a própria essência do negócio é comum entre as empresas líderes na implantação de tecnologias avançadas de IA.

Em essência, reimaginar é uma habilidade fundamental que estabelece as bases para outras habilidades, como interrogatório inteligente e capacitação baseada em bots. É essa capacidade de reinventar que permite que as pessoas se adaptem mais facilmente a um mundo cotidiano diferente, no qual tecnologias avançadas de IA estão transformando continuamente processos organizacionais, modelos de negócios e indústrias.

Oportunidades no Oportunismo Neural

O conceito de habilidades de fusão — que combinam as forças relativas de um ser humano e de uma máquina para criar um resultado melhor do que qualquer um deles teria sozinho — alinha-se bem com a pesquisa da ciência cognitiva. O oportunismo neural — a ideia de que as pessoas usam naturalmente as tecnologias para se aprimorarem — bem como as ideias de inteligência ampliada e inteligência corporificada são relevantes aqui. Os humanos, como a pesquisa mostrou, incorporam ferramentas e tecnologias como parte da própria cognição.[24] De óculos e bicicletas a jatos de combate, essas ferramentas, quando as usamos com bastante frequência e em nível de especialista, parecem extensões de nossos corpos e mentes. A IA traz outra dimensão a esse tipo de simbiose biotecnológica: as máquinas inteligentes são neuralmente oportunistas em relação às próprias forças únicas. Por padrão, coletam informações sobre o ambiente e as incorporam na própria cognição. Portanto, essas oito habilidades, a parte "H" da MELDH, enfatizam um novo tipo de competência relacional que raramente é discutida nas análises econômicas de hoje ou nos programas de desenvolvimento de talentos corporativos. Habilidades de fusão exigem uma nova maneira de pensar a perícia humana e, por extensão, uma abordagem muito diferente para educar e retreinar a força de trabalho.

CONCLUSÃO

Criando Seu Futuro na Era de Humanos + Máquinas

Quando se trata de discussões sobre inteligência artificial, grande parte dessa conversa tende a focar a substituição dos empregos e o medo de que os computadores um dia dominem o mundo. A presunção subjacente é que humanos e máquinas são concorrentes, e que os sistemas de IA, com sua velocidade, capacidade de processamento e resistência superiores em tantos contextos, irão nos substituir diretamente nas empresas — e talvez até mesmo fora do ambiente de trabalho.

Um bom número de estudos econômicos quantitativos apenas intensificou esses medos. Como um deles concluiu: "Na falta de uma política fiscal adequada que redistribua ganhos e perdas, as máquinas inteligentes podem significar miséria em longo prazo para todos."[1] Mas esses estudos quantitativos normalmente se concentram em amplas tendências da indústria, e, ao fazer isso, eles ignoram o que acontece nos bastidores dos processos e práticas diários.

Em nossa própria pesquisa — que incluiu observação e análise de casos de 450 organizações em nossa amostra de 1.500 —, conseguimos identificar vários fenômenos importantes que as pesquisas quantitativas não conseguiram captar. Um é o conceito de "habilidades de fusão": humanos e máquinas se unindo para formar novos tipos de empregos e experiências de trabalho. Esse é o "meio-campo ausente" que esteve fora de grande parte do atual debate polarizado sobre empregos que colocou os humanos de um lado e as máquinas do outro. E é nesse meio-campo ausente que as empresas líderes estão reinventando seus processos de trabalho e obtendo melhorias extraordinárias no desempenho. No entanto, para alcançar esses resultados, os executivos devem liderar suas organizações pela transformação, fazendo os investimentos necessários, incluindo a reciclagem de trabalhadores para preencher esses papéis intermediários.

Fazendo Coisas Diferentes de Modo Diferente

Para inferir como as empresas farão a transição para a nova era de humanos + máquinas, primeiro precisamos entender como os executivos estão implementando a IA em seus negócios hoje. Na Parte 1 deste livro, descrevemos diversas aplicações nos setores de manufatura e cadeia de suprimentos (Capítulo 1); operações de back office (Capítulo 2); P&D e inovação de negócios (Capítulo 3); e marketing, vendas e atendimento ao cliente (Capítulo 4). Estudar essas aplicações nos oferece uma visão clara do futuro, permitindo-nos identificar as diferentes maneiras como as empresas estão preenchendo esse meio-campo ausente, criando empregos novos e aprimorados, o que escancarou novas oportunidades econômicas e de emprego.

Especificamente, nossa pesquisa descobriu o quanto esses novos trabalhos são diferentes dos tipos tradicionais. Atualmente, 61% das atividades no meio-campo ausente exigem que os funcionários façam *coisas diferentes* e façam as *coisas de maneira diferente* — daí a necessidade crucial de as empresas reinventarem seus processos e retreinarem seus funcionários. Como vimos no Capítulo 5, essas *coisas diferentes* incluem treinar modelos de dados ou explicar e apoiar o desempenho de um sistema de IA. E, como descrevemos no Capítulo 6, esses novos trabalhos também incluem funcionários que fazem *as coisas de maneira diferente* usando amplificação, interação e incorporação para realizar um trabalho com desempenho sobre-humano. Em vez de confiar em dados econômicos muito distantes da prática organizacional, você deve observar essas diferenças diretamente para compreendê-las e avaliá-las.

No entanto, até agora, apenas um pequeno número de empresas que pesquisamos começou a captar o potencial das habilidades de fusão e, ao fazê-lo, elas foram capazes de reimaginar seus negócios, modelos operacionais e processos de maneiras inovadoras. Essas empresas — General Electric, Microsoft, BMW, Google, Amazon e outras — reconhecem que a IA não é seu investimento de capital típico; seu valor realmente aumenta com o tempo e, por sua vez, melhora o valor das pessoas também. De fato, quando é permitido a humanos e máquinas fazer o que cada um faz melhor, o resultado é um ciclo virtuoso de trabalho aprimorado que leva a aumentos de produtividade, maior satisfação do funcionário e maior inovação. Como tal, essas empresas estão liderando seus setores com descrições de trabalho redesenhadas e programas de aprendizado e reciclagem, tudo sustentado por um novo conjunto de práticas de liderança (descrito no Capítulo 7). Seus sucessos precoces provaram que estão no caminho certo.

No entanto, a questão premente é que a maioria das organizações demorou a ocupar o meio-campo ausente, e os resultados começaram a aparecer. Nos Estados Unidos, 6 milhões de empregos permanecem em aberto e, dentro desse grupo, mais de 350 mil empregos na produção continuam vagos a cada mês devido à falta de trabalhadores qualificados.[2] Globalmente, nas 12 maiores economias pelo PIB, 38% dos empregadores relatam dificuldades para preencher cargos.[3] O problema agora não é tanto que os robôs estejam substituindo os empregos; é que os trabalhadores não estão preparados com as habilidades certas necessárias para trabalhos que estão evoluindo rapidamente devido a novas tecnologias, como a IA. E o desafio só crescerá à medida que as empresas aplicarem a inteligência artificial e reinventarem o trabalho em outras áreas. Por exemplo, o maior dos desafios relatados por empregadores do mundo todo é que mais de um terço do conjunto de habilidades que ainda não é crucial hoje o será em 2020.[4]

Há, também, uma lacuna de habilidades no lado digital da manufatura. Como as fábricas se tornam cada vez mais de alta tecnologia, elas exigem mais trabalhadores com conhecimento em software. A Siemens, por exemplo, reconheceu isso e planeja contratar 7 mil pessoas a mais até 2020 em cargos relacionados a treinamento e uso de robótica colaborativa, engenharia de software e ciência da computação. Mas esses tipos de cargos não seriam incluídos nos relatos tradicionais das perspectivas de emprego na era da IA, já que a inteligência artificial embaralhou as linhas divisórias entre operários e executivos, empregos novos e antigos. "As pessoas podem não contabilizar esses empregos em TI e desenvolvimento de software como trabalhos relacionados à manufatura", diz Eric Spiegel, CEO da empresa nos EUA, "mas eles realmente estão relacionados".[5]

Nossa pesquisa descobriu que a verdadeira questão não é, simplesmente, que os humanos serão substituídos por máquinas; é que os humanos precisam estar mais bem preparados para preencher o crescente número de empregos no meio-campo ausente. No Capítulo 8, descrevemos em detalhes os tipos de habilidades de fusão que se tornaram cada vez mais importantes nessa nova era de colaboração homem-máquina. E tratamos da importância do "oportunismo neural", já que as pessoas precisarão cada vez mais incorporar ferramentas de IA para ampliar as capacidades de seus corpos e mentes.

Infelizmente, não há muita evidência de que os líderes empresariais ou políticos estejam fazendo os investimentos necessários nessas áreas. Nos Estados Unidos, o relatório da Casa Branca, de 2016, sobre "Inteligência Artificial, Automação e Economia" observa que o país gasta apenas cerca de 0,1% de seu PIB em programas que ajudam as pessoas a se adaptarem às mudanças no trabalho. Esse número caiu nos últimos

Criando Seu Futuro na Era de Humanos + Máquinas

30 anos, e os programas de reajustes federais existentes — usados principalmente para ajudar as pessoas a lidar com minas de carvão ou bases militares que fecham — não são projetados para ajudar as pessoas cujos empregos são perdidos ou modificados pela automação.[6] Os resultados são variados em outros países. O Japão e a China estão entre os que se destacam por fazer compromissos significativos com a educação em IA e o treinamento da força de trabalho como a peça central das estratégias nacionais de longo prazo de IA. O Conselho de Estado da China, por exemplo, tem o objetivo declarado de equiparar a nação aos principais países de IA até 2020 e transformá-lo no "centro de inovação de inteligência artificial do mundo até 2030".[7] Esse plano de desenvolvimento inclui grandes investimentos em reciclagem de trabalhadores para uma economia em que "a colaboração entre humanos e máquinas se tornará o modo de produção e serviço dominante".[8]

A Chamada para a Ação: Reinventando os Negócios

A IA está rapidamente fazendo incursões nos negócios. Sua rápida adoção significa que as questões sobre as oportunidades e riscos estão na vanguarda da maioria das discussões. Hoje, os líderes são confrontados com decisões que têm consequências profundas. É aqui, na aplicação prática da IA aos negócios, onde esperamos que este livro possa ser mais útil.

Durante anos, o sonho de muitos pesquisadores foi criar uma inteligência artificial que pudesse rivalizar com a das pessoas. No entanto, estamos vendo que ela está se tornando uma ferramenta para ampliar nossas próprias capacidades humanas. Por sua vez, estamos orientando os sistemas de IA para evoluir para melhores ferramentas que ampliem ainda mais nossas capacidades. Nunca antes na história nossas ferramen-

Humano + Máquina

tas foram tão receptivas a nós; e nós, a elas. Como vemos nas habilidades de fusão e no meio-campo ausente, a oportunidade real é tornar o trabalho mais humano, reinventar os negócios com uma abordagem mais humana e dotar pessoas com capacidades sobre-humanas para um desempenho mais eficaz.

Acreditamos que nossa perspectiva, baseada em pessoas e máquinas trabalhando juntas, exige uma nova abordagem e a reinvenção dos negócios e de seus processos. A IA está permitindo que os líderes de negócios entendam mais do que nunca do que seus clientes e funcionários precisam. Através da IA e dos processos construídos em torno de capacidades híbridas homem-máquina, as organizações são capazes de considerar essas necessidades, percebendo soluções que beneficiam os negócios e as pessoas.

Nosso principal objetivo neste livro é fornecer aos líderes, gerentes e funcionários as ferramentas necessárias para que se preparem para essa iminente terceira onda de transformação dos processos. Como discutimos ao longo desses capítulos, essa era exige que humanos e máquinas ocupem o meio-campo ausente, trabalhando em conjunto em novos tipos de funções com um novo tipo de parceria colaborativa. Para permitir isso, descrevemos como os executivos devem implementar mudanças organizacionais para apoiar uma cultura que incentive a releitura do processo de trabalho, ao mesmo tempo em que investem em plataformas de aprendizado e na reciclagem contínua dos funcionários. Isso obviamente se aplica às habilidades de fusão subjacentes necessárias para desenvolver, manter e gerenciar recursos de negócios habilitados por IA, mas também é pertinente a outras habilidades mais simples, como as exigidas para tomar decisões éticas complexas em relação à tecnologia.

Como nossa abordagem MELDH mostra, implementações bem-sucedidas de IA exigem mais do que atenção à própria tecnologia. O foco fundamental do componente de liderança do MELDH é manter as pessoas sempre no centro de qualquer iniciativa de IA, levando em consideração funcionários e clientes, bem como outros participantes humanos.

Criando Seu Futuro na Era de Humanos + Máquinas

Por exemplo, à medida que a IA é introduzida no local de trabalho, os executivos precisam avaliar as várias implicações: Como os requisitos de trabalho precisam evoluir e como os reposicionamentos de mão de obra serão equilibrados com considerações mais amplas sobre a força de trabalho? Que novos investimentos em talentos são necessários para reter a expertise do setor e quais funcionários podem precisar de aconselhamento e retreinamento?

Há também regulamentações governamentais, padrões éticos de design (como os propostos pelo IEEE*) e o sentimento público dominante a serem considerados. Como já mencionado, cabe às empresas garantirem que os sistemas de IA implementados não sejam tendenciosos, e elas precisam ser capazes de entender e explicar por que tomaram certas decisões. Executivos e gerentes também devem saber quais decisões estão sendo delegadas somente a máquinas (versus quais decisões requerem intervenção humana), e deve haver responsabilidade por esse processo. Em certos casos, a transparência de todo o processo de tomada de decisões pode ser necessária.

Por último, as empresas devem continuar a amadurecer proativamente a tecnologia da IA de acordo com as novas leis e políticas regionais, como o Regulamento Geral de Proteção de Dados (GDPR) na Europa. Em particular, os dados pessoais exigirão atenção especial de diferentes maneiras em diferentes regiões, especialmente à medida que os sistemas de inteligência artificial tornarem-se cada vez mais capazes de derivar tipos de insights sem precedentes a partir de dados demográficos básicos.

As questões acima são de fundamental importância, e o destino de muitas pessoas, empresas, indústrias e países dependerá das soluções escolhidas. À medida que reinventamos negócios e nossas organizações por

---

* Em inglês, IEEE: Institute of Electrical and Electronics Engineers.

meio da IA, existe um tremendo potencial para criar um futuro melhor e aprimorar a forma como o mundo funciona e vive; não apenas para aumentar o desempenho dos negócios, mas também para implementar soluções mais sustentáveis que melhor aproveitem os recursos essenciais do planeta, além de impulsionar novos serviços e formas de interação com consumidores e trabalhadores.

Em nossa pesquisa, descobrimos que as empresas que usam a inteligência artificial para aumentar seu talento humano e, ao mesmo tempo, reinventar seus processos de negócio obtêm ganhos de desempenho, lançando-se à vanguarda de seus setores. As empresas que continuam implementando a IA meramente para a automatização de maneira tradicional podem ver alguns benefícios de desempenho, mas essas melhorias acabarão por se estagnar. Prevemos que, na próxima década, surgirá uma grande diferença entre os vencedores e os perdedores, uma diferença que não será determinada pelo fato de uma organização ter ou não implementado a IA, mas pelo modo *como* ela o fez.

E é aí que o elemento humano realmente faz diferença. Como mostramos, a IA oferece às pessoas ferramentas poderosas para fazer mais, na essência, para ter um desempenho sobre-humano. Ao fazê-lo, a IA tem o potencial de reumanizar o trabalho, dando-nos mais tempo para sermos humanos, em vez de usar o nosso tempo para trabalharmos como máquinas.

Estamos no limiar de uma nova era de transformação de negócios, a era da IA, e nossas ações, hoje têm grande importância em como o futuro se desenrola. Esperamos que o nosso livro tenha lhe fornecido uma visão melhor para entender as oportunidades e os desafios futuros, e um roteiro para a aplicação da IA no trabalho que você faz. Através da aplicação responsável da IA e da incansável releitura do trabalho, as pessoas podem e devem colher os benefícios das máquinas inteligentes. Ao tomarmos essas medidas, é hora de descartar as velhas e empoeiradas noções de humanos versus máquinas, e, em vez disso, abraçar um excitante mundo novo de humanos *e* máquinas.

EPÍLOGO

Nosso Compromisso com as Habilidades para a Era da IA

Nosso objetivo com este livro é ajudar as pessoas a navegar pelas mudanças que a IA está trazendo para os negócios, o governo e a economia. Acreditamos firmemente que a inteligência artificial, guiada pela abordagem correta de gerenciamento, produzirá inovações que realmente melhorarão a maneira como o mundo funciona e vive. Isso também gerará uma riqueza de novos tipos de empregos no meio-campo ausente.

No entanto, também reconhecemos que a IA trará deslocamentos, disrupções e desafios para muitos. É essencial que forneçamos a todas *as pessoas* a educação, o treinamento e o apoio de que precisam para assumir os muitos trabalhos necessários no meio-campo ausente. Para apoiar essa causa, estamos *doando nossos royalties* pela venda deste livro *para financiar programas de educação e de reciclagem* focados em ajudar as pessoas a desenvolver as habilidades de fusão de que precisam para fazer parte da era da IA.

NOTAS

Introdução

1. DPCcars, "BMW Factory Humans & Robots Work Together at Dingolfing Plant", vídeo disponível no YouTube, 25min22, postado em 2 de março de 2017, https://www.youtube.com/watch?v=Dm3Nyb2lCvs.

2. Robert J. Thomas, Alex Kass e Ladan Davarzani, "Recombination at Rio Tinto: Mining at the Push of a Button", Accenture, 2 de setembro de 2015, www.accenture.com/t20150902T013400—w—/us-en_acnmedia/ Accenture/Conversion-Assets/DotCom/Documents/Global/PDF/ Dualpub_21/Accenture-Impact-Of-Tech-Rio-Tinto.pdf.

Capítulo 1

1. Nikolaus Correll, "How Investing in Robots Actually Helps Human Jobs", *Time*, 2 de abril de 2017, http://time.com/4721687/investing-robots-help-human-jobs/.

2. Will Knight, "This Factory Robot Learns a New Job Overnight", *MIT Technology Review*, 18 de março de 2016, https://www. technologyreview.com/s/601045/this-factory-robot-learns-a-new-job-overnight/; Pavel Alpeyev, "Zero to Expert in Eight Hours: These Robots Can Learn for Themselves", *Bloomberg*, 3 de dezembro de 2015, https:// www.bloomberg.com/news/articles/2015-12-03/zero-to-expert-in-eight-hours-these-robots-can-learn-for-themselves.

3. Knight, "This Factory Robot Learns a New Job Overnight".

4. "Company Information: History of iRobot", http://www.irobot.com/ About-iRobot/Company-Information/History.aspx, acessado em 2 de novembro de 2017.

5. H. James Wilson, Allan Alter e Sharad Sachdev, "Business Processes Are Learning to Hack Themselves", *Harvard Business Review*, 27 de junho de 2016, https://hbr.org/2016/06/business-processes-are-learning-to-hack-themselves; entrevista do autor com Andreas Nettsträter, 8 de fevereiro de 2016.

6. Steve Lohr, "G.E., the 124-Year-Old Software Start-Up", *New York Times*, 27 de agosto de 2016, https://www.nytimes.com/2016/08/28/technology/ge-the-124-year-old-software-start-up.html.

7. Charles Babcock, "GE Doubles Down on 'Digital Twins' for Business Knowledge", *Information Week*, 24 de outubro de 2016, http://www.informationweek.com/cloud/software-as-a-service/ge-doubles-down-on-digital-twins-for-business-knowledge/d/d-id/1327256.

8. Ibid.

9. Tomas Kellner, "Wind in the Cloud? How the Digital Wind Farm Will Make Wind Power 20 Percent More Efficient", GE Reports, 27 de setembro de 2015, http://www.gereports.com/post/119300678660/wind-in-the-cloud-how-the-digital-wind-farm-will/.

10. Entrevista do autor com Joe Caracappa, 13 de outubro de 2016.

11. Leanna Garfield, "Inside the World's Largest Vertical Farm, Where Plants Stack 30 Feet High", *Business Insider*, 15 de março de 2016, http://www.businessinsider.com/inside-aerofarms-the worlds-largest-vertical-farm-2016-3.

12. "Digital Agriculture: Improving Profitability", Accenture, https://www.accenture.com/us-en/insight-accenture-digital-agriculture-solutions.

Capítulo 2

1. Jordan Etkin e Cassie Mogilner, "Does Variety Increase Happiness?", *Advances in Consumer Research* 42 (2014):53–58.

2. Entrevista do autor com Andrew Anderson, CEO da Celaton, 29 de setembro de 2016.

Notas

3. Richard Feloni, "Consumer-Goods Giant Unilever Has Been Hiring Employees Using Brain Games and Artificial Intelligence — And It's a Huge Success", *Business Insider*, 28 de junho de 2017, www.businessinsider.com/unilever-artificial-intelligence-hiring-process-2017-6.

4. Entrevista do autor com Roger Dickey, Fundador da Gigster, 21 de novembro de 2016.

5. "IPsoft's Cognitive Agent Amelia Takes on Pioneering Role in Bank with SEB", comunicado à imprensa da IPsoft, 6 de outubro de 2016, http://www.ipsoft.com/2016/10/06/ipsofts-cognitive-agent-amelia-takes-on-pioneering-role-in-banking-with-seb/.

6. Sage Lazzaro, "Meet Aida, the AI Banker That NEVER Takes a Day Off: Swedish Firm Reveals Robot Customer Service Rep It Says Is 'Always at Work, 24/7, 365 Days a Year'", *Daily Mail UK*, 31 de julho de 2017, http://www.dailymail.co.uk/sciencetech/article-4748090/Meet-Aida-AI-robot-banker-s-work.html.

7. "Darktrace Antigena Launched: New Era as Cyber AI Fights Back", comunicado à imprensa da Darktrace, 4 de abril de 2017, https://www.darktrace.com/press/2017/158/.

8. Linda Musthaler, "Vectra Networks Correlates Odd Bits of User Behavior That Signal an Attack in Progress", *Network World*, 9 de janeiro de 2015, https://www.networkworld.com/article/2867009/network-security/vectra-networks-correlates-odd-bits-of-user-behavior-that-signal-an-attack-in-progress.html.

Capítulo 3

1. Bill Vlasic, "G.M. Takes a Back Seat to Tesla as America's Most Valued Carmaker", *New York Times*, 10 de abril de 2017, https://www.nytimes.com/2017/04/10/business/general-motors-stock-valuation.html.

2. "All Tesla Cars Being Produced Now Have Full Self-Driving Hardware", comunicado à imprensa da Tesla, 19 de outubro de 2016, https://www.tesla.com/blog/all-tesla-cars-being-produced-now-have-full-self-driving-hardware.

Humano + Máquina

3. Isaac Asimov, *Fantastic Voyage II: Destination Brain* (Nova York: Doubleday, 1987), 276–277.

4. Arif E. Jinha, "Article 50 Million: An Estimate of the Number of Scholarly Journals in Existence", *Learned Publishing* 23, nº 1 (julho de 2010): 258–263.

5. Entrevista do autor com Shivon Zilis, 31 de janeiro de 2017.

6. Entrevista do autor com Colin Hill, CEO da GNS Healthcare, 12 de fevereiro de 2016.

7. Ibid.

8. Margaret Rhodes, "Check Out Nike's Crazy New Machine Designed Track Shoe", *Wired*, 20 de julho de 2016, https://www.wired.com/2016/07/check-nikes-crazy-new-machine-designed-track-shoe/.

9. Entrevista do autor com Scott Clark, CEO da SigOpt, 22 de novembro de 2016.

10. Entrevista do autor com Colin Hill, CEO da GNS Healthcare, 12 de fevereiro de 2016.

11. Entrevista do autor com Brandon Allgood, CTO da Numerate, 7 de julho de 2016.

12. Ibid.

Capítulo 4

1. Phil Wainewright, "Salesforce Captures the Limits of AI in a Coca-Cola Cooler", *Diginomica*, 7 de março de 2017, http://diginomica.com/2017/03/07/salesforce-captures-the-limits-of-ai-in-a-coca-cola-cooler/.

2. "Transitioning to a Circular Economy", Philips, https://www.usa.philips.com/c-dam/corporate/about-philips-n/sustainability/sustainabilitypdf/philips-circular-economy.pdf.

3. Jordan Crook, "Oak Labs, with $41M in Seed, Launches a Smart Fitting Room Mirror", *TechC unch*, 18 de novembro de 2015, https://techcrunch.com/2015/11/18/oak-labs-with-4-1m-in-seed-launches-a-smart-fitting-room-mirror/.

Notas

4. "The Race for Relevance, Total Retail 2016: United States", PwC, fevereiro de 2016, http://www.pwc.com/us/en/retail-consumer/publications/assets/total-retail-us-report.pdf.

5. "Staffing Is Difficult", Percolata, http://www.percolata.com/customers/staffing-is-difficult, acessado em 24 de outubro de 2017.

6. "Bionic Mannequins Are Watching You", Retail *Innovation*, 2 de abril de 2013, http://retail-innovation.com/bionic-mannequins-are-watching-you; e Cotton Timberlake, Chiara Remondini e Tommaso Ebhardt, "Mannequins Collect Data on Shoppers Via Facial-Recognition Software", *Washington Post*, 22 de novembro de 2012.

7. H. James Wilson, Narendra Mulani e Allan Alter, "Sales Gets a Machine-Learning Makeover", *MIT Sloan Management Review*, 17 de maio de 2016, sloanreview.mit.edu/article/sales-gets-a-machine-learning-makeover/.

8. Pierre Nanterme e Paul Daugherty, "2017 Technology Vision Report", Accenture, https://www.accenture.com/t20170125T084845__w__/us-en/_acnmedia/Accenture/next-gen-4/tech-vision-2017/pdf/Accenture-TV17-Full.pdf?la=en.

9. A. S. Miner et al., "Smartphone-Based Conversational Agents and Responses to Questions about Mental Health, Interpersonal Violence, and physical Health", *JAMA Internal Medicine* 176, n° 5 (maio de 2016): 619–625.

10. Mark Wilson, "This Startup Is Teaching Chatbots Real Empathy", *FastCompany*, 8 de agosto de 2016, https://www.fastcodesign.com/3062546/this-startup-is-teaching-chatbots-real-empathy.

11. Ibid.

12. Laura Beckstead, Daniel Hayden e Curtis Schroeder, "A Picture's Worth A Thousand Words… and Maybe More", *Forbes*, 5 de agosto de 2016, https://www.forbes.com/sites/oracle/2016/08/05/a-pictures-worth-a-thousand-words-and-maybe-more/.

Parte 2 — Introdução

1. Robert J. Thomas, Alex Kass e Ladan Davarzani, "Recombination at Rio Tinto: Mining at the Push of a Button", Accenture, 2 de setembro de 2015, www.accenture.com/t20150902T013400__w__/us-en_acnmedia/Accenture/Conversion-Assets/DotCom/Documents/Global/PDF/Dualpub_21/Accenture-Impact-Of-Tech-Rio-Tinto.pdf.

2. James Wilson, "Rio Tinto's Driverless Trains Are Running Late", *Financial Times*, 19 de abril de 2016, https://www.ft.com/content/fe27fd68-0630-11e6-9b51-0fb5e65703ce.

3. H. James Wilson, Paul Daugherty e Prashant Shukla, "How One Clothing Company Blends AI and Human Expertise", *Harvard Business Review*, 21 de novembro de 2016, https://hbr.org/2016/11/how-one-clothing-company-blends-ai-and-human-expertise.

Capítulo 5

1. Melissa Cefkin, "Nissan Anthropologist: We Need a Universal Language for Autonomous Cars", *2025AD*, 27 de janeiro de 2017, https://www.2025ad.com/latest/nissan-melissa-cefkin-driverless-cars/.

2. Kim Tingley, "Learning to Love Our Robot Co-Workers", *New York Times*, 23 de fevereiro de 2017, https://www.nytimes.com/2017/02/23/magazine/learning-to-love-our-robot-co-workers.html.

3. Rossano Schifanella, Paloma de Juan, Liangliang Cao e Joel Tetreault, "Detecting Sacarsm in Multimodal Social Platforms", 8 de agosto de 2016, https://arxiv.org/pdf/1608.02289.

4. Elizabeth Dwoskin, "The Next Hot Job in Silicon Valley Is for Poets", *Washington Post*, 7 de abril de 2016, https://www.washingtonpost.com/news/the-switch/wp/2016/04/07/why-poets-are-flocking-to-silicon-valley.

5. "Init.ai Case Study", Mighty AI, https://mty.ai/customers/init-ai/, acessado em 25 de outubro de 2017.

6. Matt Burgess, "DeepMind's AI Has Learnt to Become 'Highly Aggressive" When It Feels Like It's Going to Lose", *Wired*, 9 de fevereiro

Notas

de 2017, www.wired.co.uk/article/artificial-intelligence-social-impact-deepmind.

7. Paul X. McCarthy, "Your Garbage Data Is a Gold Mine", *Fast Company*, 24 de agosto de 2016, https://www.fastcompany.com/3063110/the-rise-of-weird-data.

8. John Lippert, "ZestFinance Issues Small, High-Rate Loans, Uses Big Data to Weed Out Deadbeats", *Washington Post*, 11 de outubro de 2014, https://www.washingtonpost.com/business/zestfinance-issues-small-high-rate-loans-uses-big-data-to-weed-out-deadbeats/2014/10/10/e34986b6-4d71-11e4-aa5e-7153e466a02d_story.html.

9. Jenna Burrell, "How the Machine 'Thinks': Understanding Opacity in Machine Learning Algorithms", *Big Data & Society* (janeiro – junho de 2016): 1–12, http://journals.sagepub.com/doi/abs/10.1177/2053951715622512.

10. Ibid.

11. Kim Tingley, "Learning to Love Our Robot Co-Workers", *New York Times*, 23 de fevereiro de 2017, https://www.nytimes.com/2017/02/23/magazine/learning-to-love-our-robot-co-workers.html.

12. Isaac Asimov, "Runaround", *Astounding Science Fiction* (março de 1942).

13. Accenture Research Survey, janeiro de 2016.

14. Vyacheslav Polonski, "Would You Let an Algorithm Choose the Next US President?", World Economic Forum, 1º de novembro de 2016, https://www.weforum.org/agenda/2016/11/would-you-let-an-algorithm-choose-the-next-us-president/.

15. Mark O. Riedl e Brent Harrison, "Using Stories to Teach Human Values to Artificial Agents", no 2º International Workshop on AI, Ethics, and Society, Association for the Advancement of Artificial Intelligence (2015), https://www.cc.gatech.edu/~riedl/pubs/aaai-ethics16.pdf.

16. Masahiro Mori, traduzido por Karl F. MacDorman e Norri Kageki, "The Uncanny Valley", *IEEE Spectrum*, 12 de junho de 2012, https://spectrum.ieee.org/automaton/robotics/humanoids/the-uncanny-valley.

Capítulo 6

1. Margaret Rhodes, "So. Algorithms Are Designing Chairs Now", *Wired*, 3 de outubro de 2016, https://www.wired.com/2016/10/elbo-chair-autodesk-algorithm/.

2. Dan Howarth, "Generative Design Software Will Give Designers 'Superpowers'", *Dezeen*, 6 de fevereiro de 2017, https://www.dezeen.com/2017/02/06/generative-design-software-will-give-designers-superpowers-autodesk-university/.

3. "Illumeo: Changing How We See, Seek and Share Clinical Information", Philips, http://www.usa.philips.com/healthcare/product/HC881040/illumeo.

4. "Upskill Raises Series B Funding from Boeing and GE Ventures", comunicado à imprensa da Upskill.io, 5 de abril de 2017, https://upskill.io/upskill-raises-series-b-funding-from-boeing-ventures-and-ge-ventures/.

5. Nicolas Moch e Michael Krigsman, "Customer Service with Amelia AI at SEB Bank", *CXO Talk*, 15 de agosto de 2017, https://www.cxotalk.com/video/customer-service-amelia-ai-seb-bank.

6. Peggy Hollinger, "Meet the Cobots: Humans and Robots Together on the factory floor", *Financial Times*, 4 de maio de 2016, https://www.ft.com/content/6d5d609e-02e2-11e6-af1d-c47326021344?mhq5j=e6.

7. Will Knight, "How Human-Robot Teamwork Will Upend Manufacturing", *MIT Technology Review*, 16 de setembro de 2014, https://www.technologyreview.com/s/530696/how-human-robot-teamwork-will-upend-manufacturing/.

8. AutomotoTV, "Mercedes-Benz Industrie 4.0 More flexibility — Human Robot Cooperation (HRC)", vídeo no YouTube, 2min38, 25 de novembro de 2015, https://youtu.be/ZjaePUZPzug.

9. Peggy Hollinger, "Meet the Cobots: Humans and Robots Together on the Factory Floor", *Financial Times*, 4 de maio de 2016, https://www.ft.com/content/6d5d609e-02e2-11e6-af1d-c47326021344?mhq5j=e6.

10. Entrevista com Richard Morris, vice-presidente de Montagem e Logística, BWW Manufacturing Company, acessado na Advanced Motion Systems, Inc. "Universal Robots on BMW Assembly Line — ASME", vídeo

disponível no YouTube, 7 de abril de 2014, https://WWW.youtube.com/watch?v= CROBmw5Txl.

11. Michael Reilly, "Rethink's Sawyer Robot Just Got a Whole Lot Smarter", *MIT Technology Review*, 8 de fevereiro de 2017, https://www.technologyreview.com/s/603608/rethinks-sawyer-robot-just-got-a-whole-lot-smarter/.

12. Cassie Werber, "The World's First Commercial Drone Delivery Service Has Launched in Rwanda", *Quartz*, 14 de outubro de 2016, https://qz.com/809576/zipline-has-launched-the-worlds-first-commercial-drone-delivery-service-to-supply-blood-in-rwanda/.

13. Jessica Leber, "Doctors Without Borders Is Experimenting with Delivery Drones to Battle an Epidemic", *Fast Company*, 16 de outubro de 2014, https://www.fastcompany.com/3037013/doctors-without-borders-is-experimenting-with-delivery-drones-to-battle-an-epidemic.

14. Wings For Aid website, https://www.wingsforaid.org, acessado em 25 de outubro de 2017.

Capítulo 7

1. Shoshana Zuboff, *In the Age of the Smart Machine: The Future of Work and Power* (Nova York: Basic Books, 1989), 13.

2. Autoline Network, "The ART of Audi", vídeo no YouTube, 1h04min45, 22 de agosto de 2014, https://youtu.be/Y6ymjyPryRo.

3. Sharon Gaudin, "New Markets Push Strong Growth in Robotics Industry", *ComputerWorld*, 26 de fevereiro de 2016, http://www.computerworld.com/article/3038721/robotics/new-markets-push-strong-growth-in-robotics-industry.html.

4. Spencer Soper e Olivia Zaleski, "Inside Amazon's Battle to Break into the $800 Billion Grocery Market", Bloomberg, 20 de março de 2017, https://www.bloomberg.com/news/features/2017-03-20/inside-amazon-s-battle-to-break-into-the-800-billion-grocery-market.

5. Izzie Lapowski, "Jeff Bezos Defends the Fire Phone's Flop and Amazon's Dismal Earnings", *Wired*, 2 de dezembro de 2014, https://www.wired.com/2014/12/jeff-bezos-ignition-conference/.

6. Ben Fox Rubin, "Amazon's Store of the Future Is Delayed. Now What?" *CNET*, 20 de junho de 2017, www.cnet.com/news/amazon-go-so-far-is-a-no-show-now-what/.

7. Steven Overly, "The Big Moral Dilemma Facing Self-Driving Cars", *Washington Post*, 20 de fevereiro de 2017, https://www.washingtonpost.com/news/innovations/wp/2017/02/20/the-big-moral-dilemma-facing-self-driving-cars/?utm_term=.e12ae9dedb61.

8. Matthew Hutson, "Why We Need to Learn to Trust Robots", *Boston Globe*, 25 de janeiro de 2015, https://www.bostonglobe.com/ideas/2015/01/25/why-need-learn-trust-robots/Nj6yQ5DSNsuTQlMcqnVQEI/story.html.

9. Aaron Timms, "Leda Braga: Machines Are the Future of Trading", *Institutional Investor,* 15 de julho de 2015, http://www.institutionalinvestor.com/article/3471429/banking-and-capital-markets-trading-and-technology/leda-braga-machines-are-the-future-of-trading.html.

10. Accenture Research Survey, janeiro de 2017; e Lee Rainie e Janna Anderson, "Code-Dependent: Pros and Cons of the Algorithm Age", Pew Research, 8 de fevereiro de 2017, http://www.pewinternet.org/2017/02/08/code-dependent-pros-and-cons-of-the-algorithm-age/.

11. Jane Wakefield, "Microsoft Chatbot Is Taught to Swear on Twitter", *BBC*, 24 de março de 2016, http://www.bbc.com/news/technology-35890188.

12. Craig Le Clair et al., "The Future of White-Collar Work: Sharing Your Cubicle with Robots", *Forrester*, 22 de junho de 2016.

13. Madeline Clare Elish, "The Future of Designing Autonomous Systems Will Involve Ethnographers", *Ethnography Matters*, 28 de junho de 2016, https://ethnographymatters.net/blog/2016/06/28/the-future-of-designing-autonomous-systems-will-involve-ethnographers/.

14. Madeleine Clare Elish, "Letting Autopilot Off the Hook", *Slate*, 16 de junho de 2016, www.slate.com/articles/technology/future_tense/2016/06/why_do_blame_humans_when_automation_fails.html.

15. Berkeley J. Dietvorst et al., "Overcoming Algorithm Aversion: People Will Use Imperfect Algorithms If They Can (Even Slightly) Modify Them, https://poseidon01.ssrn.com/delivery.php?ID=93912406709202706700401412209507112202405505201

Notas

5007029075097084030114081117071005117010 025040030028099
0330291080850780841100850580320420470781161060 68114072
0910720070170660531190841260010640660910301100150911080
11105082068097088118126016099093096024091&EXT=pdf.

16. Conversa com Bill Ruh, CEO da General Electric Digital, 11 de abril de 2017.

17. Ibid.

18. Descobertas (estimativas) de pesquisa de estudo de caso da Accenture Research e atendimento ao cliente da Accenture.

19. Nicholas Fearn, "Ducati Corse Turns to IoT to Test MotoGP Racing", *Internet of Business*, 8 de março de 2017, https://internetofbusiness.com/ducati-corse-races-iot/.

20. Anthony Ha, "Salesforce Acquires Smart Calendar App Tempo, App Will Shut Down on June 30", *Tech Crunch*, 29 de maio de 2015, https://techcrunch.com/2015/05/29/salesforce-acquires-tempo/.

21. "Nielsen Breakthrough Innovation Report, European Edition", Nielsen, dezembro de 2015, http://www.nielsen.com/content/dam/nielsenglobal/eu/docs/pdf/Nielsen%20Breakthrough%20Innovation%20Report%202015%20European%20Edition_digital_HU.pdf.

22. Mike Rogoway, "Facebook Plans 'Cold Storage' for Old Photos in Prineville", *Oregonian*, 20 de fevereiro de 2013, http://www.oregonlive.com/silicon-forest/index.ssf/2013/02/facebook_plans_cold_storage_fo.html.

23. "Illuminating Data", Texas Medical Center, 24 de agosto de 2014, http://www.tmc.edu/news/2014/08/illuminating-data/.

24. George Wang, "Texas Medical Center and Ayasdi to Create a World-Class Center for Complex Data Research and Innovation", Ayasdi, 13 de novembro de 2013, https://www.ayasdi.com/company/news-and-events/press/pr-texas-medical-center-and-ayasdi-to-create-a-world-class-center-for-complex-data-research-and-innovation/.

25. Khari Johnson, "Google's Tensorflow Team Open-Sources Speech Recognition Dataset for DIY AI", *VentureBeat*, 24 de agosto de 2017, https://venturebeat.com/2017/08/24/googles-tensorflow-team-open-sources-speech-recognition-dataset-for-diy-ai/.

26. Adam Liptak, "Sent to Prison by a Software Program's Secret Algorithms", *New York Times*, 1º de maio de 2017, https://www.nytimes.com/2017/05/01/us/politics/sent-to-prison-by-a-software-programs-secret-algorithms.html?_r=0.

27. Tim Lang, "Why Google's PAIR Initiative to Take Bias out of AI Will Never Be Complete", *VentureBeat*, 18 de julho de 2017, https://venturebeat.com/2017/07/18/why-googles-pair-initiative-to-take-bias-out-of-ai-will-never-be-complete/.

Capítulo 8

1. GE Digital, "Minds + Machines: Meet the Digital Twin", YouTube video, 14min18, 18 de novembro de 2016, https://www.youtube.com/watch?v=2dCz3oL2rTw.

2. "Harnessing Revolution: Creating the Future Workforce", Accenture, https://www.accent re.com/gb-en/insight-future-workforce-today.

3. Marina Gorbis, "Human Plus Machine", The Future of Human Machine Interaction, Institute for the Future, 2011, http://www.iftf.org/uploads/media/Human_Plus_Machine_MG_sm.pdf.

4. Dan Ariely, James B. Duke e William L. Lanier, "Disturbing Trends in Physician Burnout and Satisfaction with Work-Life Balance", *Mayo Clinic Proceedings* 90, nº 12 (dezembro de 2015): 1593–1596.

5. Wes Venteicher, "UPMC Turns to Artificial Intelligence to Ease Doctor Burnout", *TribLive*, 16 de fevereiro de 2017, http://triblive.com/news/healthnow/11955589-74/burnout-doctors-microsoft.

6. Bob Rogers, "Making Healthcare More Human with Artificial Intelligence", *IT Peer Network at Intel*, 17 de fevereiro de 2017, https://itpeernetwork.intel.com/making-healthcare-human-artificial-intelligence/.

7. Conner Dial, "Audi Makes Self-Driving Cars Seem Normal By Putting a T-Rex at the Wheel", *PSFK*, 16 de setembro de 2016, https://www.psfk.com/2016/09/audi-t-rex-ad-campaign-makes-self-driving-vehicles-seem-normal.html.

Notas

8. "AI Summit New York", *AI Business*, 2016, http://aibusiness.org/tag/ai-summit-new-york/.

9. Ibid.

10. Murray Shanahan, "The Frame Problem", Stanford, 23 de fevereiro de 2004, https://plato.stanford.edu/entries/frame-problem/.

11. Manoj Sahi, "Sensabot Is the First Inspection Robot Approved for Use by Oil and Gas Companies", *Tractica*, 18 de outubro de 2016, https://www.tractica.com/robotics/sensabot-is-the-first-inspection-robot-approved-for-use-by-oil-and-gas-companies/.

12. Entrevista do autor com Steve Schnur, 7 de dezembro de 2016.

13. Entrevista do autor com Bill Ruh, 11 de abril de 2017.

14. Shivon Zilis, "Machine Intelligence Will Let Us All Work Like CEOs", *Harvard Business Review*, 13 de junho de 2013, https://hbr.org/2016/06/machine-intelligence-will-let-us-all-work-like-ceos.

15. Julie Bort, "How Salesforce CEO Marc Benioff Uses Artificial Intelligence to End Internal Politics at Meetings", *Business Insider*, 18 de maio de 2017, www.businessinsider.com/benioff-uses-ai-to-end-politics-at-staff-meetings-2017-5.

16. "Surgeons Use Robot to Operate Inside Eye in World's First", *The Guardian*, 9 de setembro de 2016, https://www.theguardian.com/technology/2016/sep/10/robot-eye-operation-world-first-oxford-john-radcliffe.

17. Will Knight, "How a Human-Machine Mind-Meld Could Make Robots Smarter", *MIT Tec nology Review*, 2 de março 2017, https://www.technologyreview.com/s/603745/how-a-human-machine-mind-meld-could-make-robots-smarter/.

18. Janet Vertesi, "What Robots in Space Teach Us about Teamwork: A Deep Dive into NASA", *Ethnography Matters*, 7 de julho de 2016, http://ethnographymatters.net/blog/2016/07/07/what-robots-in-space-teach-usabout-teamwork/.

19. Pierre Nanterme e Paul Daugherty, "Technology for People: The Era of Intelligent Enterprise", Technology Vision 2017, https://www.accenture.com/t00010101T000000__w__/at-de/acnmedia/Accenture/next-gen-4/tech-vision-2017/pdf/Accenture-TV17-Full.pdf.

20. Justin Bariso, "Microsoft's CEO Just Gave Some Brilliant Career Advice. Here It Is in 1 Sentence", *Inc.com*, 24 de abril de 2017, https://www.inc.com/justin-bariso/microsofts-ceo-just-gave-some-brilliant-career-advice-here-it-is-in-one-sentence.html.

21. Sara Castellanos, "Capital One Adds 'Muscle' to Machine Learning Effort", *Wall Street Journal*, 2 de março de 2017, https://blogs.wsj.com/cio/2017/03/02/capital-one-adds-muscle-to-machine-learning-effort/.

22. Darryl K. Taft, "Capital One Taps Open-Source, Cloud, Big Data for Advantage in Banking", *eWEEK*, 13 de junho de 2016, http://www.eweek.com/cloud/capital-one-taps-open-source-cloud-big-data-for-advantage-in-banking.

23. Gil Press, "3 Dimensions of Digital Transformation at Capital One Financial Services", *Forbes*, 25 de junho de 2015, https://www.forbes.com/sites/gilpress/2015/06/25/3-dimensions-of-digital-transformation-at-capital-one-financial-services/#61620c4478c4.

24. Andy Clark, *Supersizing the Mind: Embodiment, Action, and Cognitive Extension* (Nova York: Oxford University Press, 2008).

Conclusão

1. Seth G. Benzell, Laurence J. Kotlikoff, Guillermo LaGarda, Jeffrey D. Sachs, "Robots Are Us: Some Economics of Human Replacement", NBER Working Paper Nº 20941, fevereiro de 2015

2. Anna Louie Sussman, "As Skill Requirements Increase, More Manufacturing Jobs Go Unfilled", *The Wall Street Journal*, 1º de setembro de 2016, https://www.wsj.com/articles/as-skill-requirements-increase-more-manufacturing-jobs-go-unfilled-1472733676

3. Análise de dados da IMF e Indeed.com pela economista Tara Sinclair da George Washington University, http://offers.indeed.com/rs/699-SXJ-715/images/Indeed%20Hiring%20Lab%20%20Labor%20Market%20 Outlook%202016.pdf.

4. 2017 Accenture Research analysis, https://www.accenture.com/us-en/_ acnmedia/A2F06B52B774493BBBA35EA27BCDFCE7.pdf. Ver

Notas

também, World Economic Forum, *Future of Jobs Report*, http://reports. weforum.org/future-of-jobs-2016/.

5. Kristin Majcher, "The Hunt for Qualified Workers", *MIT Technology Review*, 16 de setembro de 2014, https://www.technologyreview. com/s/530701/the-hunt-for-qualified-workers/.

6. "Artificial Intelligence, Automation, and the Economy", The White House, 20 de dezembro de 2016, https://www.whitehouse.gov/sites/ whitehouse.gov/files/images/EMBARGOED%20AI%20Economy%20 Report.pdf.

7. Datainnovation.org, https://www.datainnovation.org/2017/08/how-governments-arepreparing-for-artificial-intelligence/.

8. Conselho de Estado da República Popular da China, http://english. gov.cn/policies/latest_releases/2017/07/20/content_281475742458322. htm.

ÍNDICE

6sense, 107

A7 Sportsback, 206
Accenture, 48, 145, 162
Adam Wenchel, 208
AeroFarms, 48
agentes
    de conversação, 113
    inteligentes, 80
agricultura de precisão, 49
Aida, 69, 155, 159
Alexa, 70, 102–103, 109, 134, 162
algoritmo
    confiança, 62
    de aprendizado de máquina, 59, 166
    de lista de regras ordenadas, 142
    de visão de máquina, 43
    genético, 157, 161
Alice, 162
Almax, 105
AlphaGo, 56
Amazon, 45, 102, 109, 114, 125, 130, 134,
    166, 178, 185, 221
    Go, 176, 181
Amelia, 69, 155, 178, 218
amplificação, 157
análise comportamental, 73
analista de transparência, 142
Antigena, 73
antropomorfismo de marca, 109
apoiadores, 131, 138, 143, 146, 149, 189
Apple, 134
Apprenticeship Levy, 220
aprendizado
    de máquina, 63, 75, 98, 113, 173, 179
        conceito, 54
    não supervisionado, 77
    por reforço, 77

    profundo, 101, 142, 177
    profundo por reforço, 33
    semisupervisionado, 77
    supervisionado, 75
aprendizagem
    distribuída, 34
    recíproca, 218
Arthur Samuel, 75
atendimento
    ao cliente, 15, 62, 69, 109, 111
    personalizado, 104
atividades híbridas, 130
AT&T, 205
Audi, 174, 206
    Audi Robotic Telepresence
        (ART), 175
    direção pilotada, 206
auditabilidade, 145
autodesk, 15, 152, 157
automação
    inteligente, 80
    robótica de processos, 64
automatização de processos, 64
aversão ao algoritmo, 183
Ayasdi, 194

Beiersdorf, 193
Benetton, 105
BHP Billiton Ltd., 42
Bill Ruh, 211
binário humano versus máquina, 207
biométrica e reconhecimento facial e de
    gestos, 80
blockchain, 50
Bloomberg Beta, 86, 212
BMW, 22, 217
Boeing, 159
    Echo Voyager, 42
bots digitais, 212

BQ Zowi, 162
braço robótico, 33
    sensível, 38
Brent Harrison, 147

cadeia de suprimentos de dados, 46, 190, 195
    dinâmica, 191–192
    encarregado pela, 196
cadeira Elbo, 152
Campbell Soup Company, 116
capacidade humana, 20
capacitação baseada em bots, 212
Capital One, 221
categorias de interação homem-máquina
    amplificação, 154
    incorporação, 155
    interação, 155
Caterpillar Inc., 209
Centro Médico da Universidade de Pittsburgh (UPMC), 204
chatbot, 70, 184
ciência de dados, 73
Cigna, 204
cirurgia ocular robótica, 213
Clara, 212
Clínica Mayo, 204
Cloudbreak, 42
cobot, 156, 164–165, 217
Coca-Cola, 101
cocriação, 174
colaboração simbiótica, 73
Colette, 162
comércio de clique zero, 112
comportamento do cliente, 104
confiança, 184
conformidade, 188
conscientização de dados, 191
consequências não intencionais, 124
construtor de equipe, 68
contrariar a IA, 188

contratação de funcionários, 65
Cortana, 113, 135, 162, 218
criatividade, 32, 53, 121, 125, 127, 158
crowdsourcing, 136

dados, 51
    de exaustão, 138
    históricos, 200
    não estruturados, 62
    rotulados, 75
Danny Lange, 57
Darktrace, 73
Deep Armor, 73
departamento de relações de máquinas, 148
desenvolvimento de produtos, 15, 40
design
    de contexto, 144
    empático, 172
    generativo, 152–153
    thinking, 172
desintermediação de marca, 111
dinâmica colaborativa, 166
direção autônoma, 130
Ditto Labs, 116
Doli.io, 213
DoubleClick Search, 115
Dreamcatcher, 152, 157
drone, 15, 42, 156, 166
Ducati, 191

eBay, 114
Echo, 109, 111, 180
Einstein, 101, 213
Ella, 215
empatia, 114
emprego, 215
empresa agrícola, 172
empréstimo virtual, 102
encarregado pela cadeia de suprimento de dados, 196
engenharia reversa, 90

Índice

engenheiros de segurança de IA, 145
equipe de vendas, 104
erros, 182
especialistas em ética de automação, 147
especialização humana, 209
esponjas de responsabilidade, 187–188
estado emocional, 106
estrategista de explicabilidade, 142
experiência
    do cliente, 172
    personalizada, 102
experimentação, 26, 52, 84, 170
explicadores, 131, 139, 149, 185

fabricantes de automóveis, 132
Facebook, 125, 155, 194
falhas de segurança, 72
falsos positivos, 60
FANUC, 33, 133, 144
ForAllSecure, 72
Fortescue Metals Group, 42
fusão
    de sensores, 177
    holística, 213

ganhos de produtividade, 19
GE, 40, 199, 209–210
Geekbot, 212
gêmeo digital, 22, 39, 41, 199
General Electric, 22, 39
General Motors, 144
gerente
    de conformidade ética, 146, 149
    de relações de máquina, 23, 148
gestão de relacionamento com o cliente
    ou CRM, 101
Gigster, 67
Gill Pratt, 182
GlaxoSmithKline, 115
GNS Healthcare, 88
Go (jogo), 77
Goldman Sachs, 63

Google, 114, 195, 214
    AdWords, 115
    Home, 162
    Now, 113
GPS, 18
Gridspace Sift, 212

habilidades
    de fusão, 24, 201, 225
        aprendizagem recíproca, 218–219
        capacitação baseada em bots, 212
        fusão holística, 213–215
        interrogatório inteligente, 201, 209–211
        julgamento integrado, 208–209
        normalização responsável, 205–207
        reinvenção incansável, 221
        reumanização do tempo, 203–205
    STEM, 206
Henry Ford, 17
heurística, 73
higienizador de dados, 138
HireVue, 66
H&M, 108
hospital, 189
Howdy, 212

IBM, 54, 75
Illumeo, 158
iluminação inteligente, 103
imparcialidade, 145
incorporação, 166
Inertia Switch, 35
IntelligentX Brewing Company, 92
interação, 162
    com o cliente, 102
interrogatório inteligente, 201, 209
IPsoft, 69, 178, 218
Isaac Asimov, 85

Jamie Dennis, 174
Janet Vertesi, 218

Jeff Kowalski, 153
John McCarthy, 53
Johnson & Johnson, 98
julgamento, 33
    integrado, 208
Julie Shah, 136

Kaiser Permanente, 204
Kik, 108, 113
Kindred AI, 217
Kiva Robots, 45
Koko, 113, 134
Kraft Phone Assistant, 108

Las Vegas Sands Corp., 92
lavagem de dinheiro, 59, 65
Leda Braga, 183
Lee Hecht Harrison, 216
leitos, 189
Lenovo, 92
liderança, 51, 170
linguagem natural, 70
linha de montagem, 16, 38
    adaptável, 38
LinkedIn, 215
Loja nº 8, 179
L'Oreal, 45
Lowebot, 108
Lyft, 185

Madeleine Clare Elish, 186
manequim inteligente, 105
manutenção, 39, 199
marcas, 135
    rosto, 135
Marc Benioff, 213
Marc Lore, 179
Marina Gorbis, 203
marketing, 14
    criativo, 116
    e vendas, 114
Mark O. Riedl, 147

Markus Schaefer, 164
Mars Exploration Rovers, 218
Masahiro Mori, 147
Matternet, 167
Mechanical Turk, 185
Médicos Sem Fronteiras, 167
meio-campo ausente, 19–21, 122, 226
MELDH, 51, 73, 117–118, 149, 168,
    196, 223
mentalidade, 26, 52
Mercedes-Benz, 16, 22
método científico, 85
Michael Finke, 207
Microsoft, 135, 184, 204, 221
mineração, 21
MIT, 113, 136
modeladores de interação, 136
modelos agrícolas, 48
mudança autoadaptável, 171

Nao, 162
Nielsen, 193
Nike, 90–91
Nissan, 129
normalização responsável, 205
Numerate, 97

Oak Labs, 103
óculos inteligentes, 159
ombudsman, 96, 146
operações, 41
oportunidades de emprego, 166
oportunismo neural, 223
orientação espacial, 18
otimização bayesiana, 93

pacientes com câncer de mama, 194
Penn Medicine, 204
Percolata, 105
perito analista de algoritmo, 141
personalização, 81
pesquisa local (otimização), 78

Índice

Pew Center, 183
Philips, 103, 158
planejamento de demanda, 46
Pogo, 212
Predix, 39, 41, 93, 199
Preferred Networks, 33
primeira onda, 17
princípios essenciais (MELDH)
    dados, 27, 170, 190–197
    experimentação, 26–27, 170, 176–181, 197
    habilidades, 28, 201–224
    liderança, 27, 170, 182–190, 197
    mentalidade, 26–27, 170, 171–176
privacidade, 117
processamento
    de linguagem natural, 62, 73, 86, 101, 162
        ou PNL, 79
    de sinal e áudio, 79
    de solicitações, 17
processo
    adaptativo, 18, 31, 65
    automatizado, 17
    científico, 85
    de negócio, 16, 21
    padronizado, 17
    reinventado, 172
Procter & Gamble, 47
produtos
    inteligentes, 81
    personalizados, 102
protocolo de visualização, 158
provador conectado, 103

questões
    éticas, 117, 124
    legais, 124
    morais, 124
Quid, 86
Quixote, 147

radiologia, 155, 158
raios X, 204
Ralph Lauren, 103
Rasmus Järborg, 69
realidade
    aumentada, 159, 179
    estendida, 81
    virtual, 179, 217
reconhecimento
    de texto, voz, imagem e vídeo, 81
    de voz, 79
    facial, 105
rede neural, 46, 54, 73, 77, 83
    alimentada adiante (RNAA), 78
    profunda (RNP), 78
    recorrente (RNR), 78
reengenharia do processo de negócio, 17
Regulamento Geral de Proteção de Dados (GDPR), 124, 140
reinvenção
    do processo, 32, 197, 205
    incansável, 221
renascimento do trabalho humano, 32
representação de conhecimento, 78
ressonâncias magnéticas, 204
Rethink Robotics, 34, 36
reumanização do tempo, 203
    definição, 203
Revionics, 210
Rio Tinto, 21
risco de crédito, 139
Rob Alexander, 222
robô, 133, 143, 155, 209
    colaborativo
        ou cobot, 80
robótica, 179
Robyn Ewing, 135
Rodney Brooks, 34, 36
Roger Dickey, 67
Roomba, 36
Royal Dutch Shell, 209

Humano + Máquina

Salesforce, 101, 213
Satya Nadella, 221
Scott Clark, 93
Sean Paley, 216
SEB, 69
segunda onda, 17, 31
segurança, 145
Sensabot, 209
SEW-Eurodrive, 165
Shivon Zilis, 86, 212
Shohei Hido, 33
Shoshana Zuboff, 171
Sight Machine, 40
SigOpt, 93
simbiose, 17
Siri, 113, 134, 162
sistema
    de defesa, 71
    de IA, 13
    de recomendação, 80
    especialista, 54, 79
    humano-robô, 166
    imunológico humano, 73
    preditivo, 78
    robótico, 132
software gêmeo digital, 211
SparkCognition, 73
Standup Bot, 212
State Farm, 115
Steve Schnur, 210
Stitch Fix, 126, 168
S Voice, 113
Symbotic, 43
Systematica, 183

Tal Heppenstall, 204
Tatsu, 212
Tay, 184
tecnologia de identificação por
    radiofrequência (RFID), 45
Tempo, 192
terceira onda, 18, 65

terceirização, 136
Tesla, 83, 206
Texas Medical Center (TMC), 194
Textio, 212
Tim Hwange, 186
Toyota Research Institute, 182
trabalho colaborativo, 122
transação financeira, 65
treinador, 131, 134–136, 149, 195
    de empatia, 134
    de personalidade, 135
    de visão de mundo e localização, 136
treinamento de IA, 136
Twitter, 155

Uber, 57, 185
ultrapersonalização, 84
Unilever, 65
Universal Robotics, 35
UPS, 17

vale da estranheza, 132, 148
Vectra, 73
veículos autônomos, 16
Virgin Trains, 64
visão computacional, 79, 101, 105,
    166, 177
visualizações de dados, 86
Volkswagen, 143

Wade & Wendy, 215
Walmart, 17, 179
Watson, 98, 162
Watson Ads, 115
Watson Tone Analyzer, 212
Waze, 18–19, 25, 195
Wings for Aid, 167

x.ai, 212

ZestFinance, 139
Zipline, 166
zona de deformação moral, 185–188

CONHEÇA OUTROS LIVROS DA ALTA BOOKS

Negócios - Nacionais - Comunicação - Guias de Viagem - Interesse Geral - Informática - Idiomas

Todas as imagens são meramente ilustrativas.

SEJA AUTOR DA ALTA BOOKS!

Envie a sua proposta para: autoria@altabooks.com.br

Visite também nosso site e nossas redes sociais para conhecer lançamentos e futuras publicações!
www.altabooks.com.br

/altabooks ▪ /altabooks ▪ /alta_books

ALTA BOOKS
EDITORA

Este livro foi impresso nas oficinas gráficas da Editora Vozes Ltda.,
Rua Frei Luís, 100 – Petrópolis, RJ.